Lisa Lüdders

Fragebogen- und Leitfadenkonstruktion

Ein Handbuch für Studium und Berufspraxis

University of Applied Sciences
APOLLON
University Press

Herausgegeben vom Präsidium der APOLLON Hochschule der Gesundheitswirtschaft

1. Auflage 2016

Projektmanagement und Lektorat: Constanze Vieth
Umschlaggestaltung, Layout und Satz: Ilka Lange, Hückelhoven
Korrektorat: Gabriele Staupe, Wiesbaden
Titelbild: Fotolia © gold36
Printed in Germany

Bibliografische Information der Deutschen Nationalbibliothek
Die Deutsche Nationalbibliothek verzeichnet diese Publikation in der Deutschen Nationalbibliografie. Detaillierte bibliografische Daten sind abrufbar unter: htpp://dnb.d-nb.de

ISBN: 978-3-943001-24-2

http://www.apollon-hochschulverlag.de

Lisa Lüdders

Fragebogen- und Leitfadenkonstruktion

Ein Handbuch für Studium und Berufspraxis

METHODENBUCH

University of Applied Sciences
APOLLON
University Press

Inhalt

Vorwort

Liebe Studierende, liebe Berufspraktiker,

ich freue mich, dass Sie sich für dieses Methodenbuch entschieden haben! Egal, ob Sie sich während Ihres Studiums oder in Ihrer beruflichen Praxis mit Forschungsmethoden der mündlichen oder schriftlichen Befragung auseinandersetzen möchten oder müssen, Sie werden einen komprimierten Überblick in die Theorie der Fragebogen- und Leitfadenkonstruktion erhalten. Die Theorie wird dabei mit praktischen Übungen vernetzt und soll Ihnen Mut machen, selbst Fragebögen oder Leitfäden zu konzipieren. Empirische Forschung ist spannend, weil man meistens nicht genau weiß, was tatsächlich am Ende einer Untersuchung herauskommt. Das ist auch gut so! Dennoch ist es wichtig, sich mit Kriterien auseinanderzusetzen, die die Aussagekraft Ihrer Ergebnisse beeinflussen. Dieses beginnt bereits bei der Formulierung von Fragen in einem Fragebogen oder bei der Planung eines Interviewleitfadens und endet erst viel später mit statistischen Auswertungen oder Interpretationen von Interviewmitschriften.

Im Rahmen meiner langjährigen Tätigkeit als Statistik- und Methodenlehredozentin in Studiengängen der Human- und Gesundheitswissenschaften habe ich Fragen von Studierenden sammeln können, bereichernde Diskussionen geführt und sehr viel von meinen Studierenden gelernt. Mein Anliegen mit diesem Methodenhandbuch ist deshalb, keine trockene Theorie wiederzugeben, sondern notwendige Informationen mit praktischen Beispielen zu vernetzen. Die Rolle der Dozentin möchte ich bewusst ablegen (soweit dieses zumindest möglich ist) und Ihre Sichtweise als Lernende einnehmen.

Ich hoffe, dass es mir auf Grundlage dieses Buchs gelingt, Sie anzusprechen und Ihnen Ausschnitte der Forschungsmethoden mit Neugierde und Spaß zu vermitteln.

Lisa Lüdders — Bremen, im Juni 2016

Danksagung

Die Inhalte dieses Buchs sind entstanden im Rahmen meiner Tätigkeit als Autorin für die APOLLON Hochschule der Gesundheitswirtschaft. Ohne das Vertrauen und die Unterstützung von verschiedenen Personen wäre die vorliegende Arbeit nicht möglich gewesen. Deshalb möchte ich an dieser Stelle großen Dank aussprechen. Mein besonderer Dank gilt Frau Prof. Scherenberg, die als Dekanin überhaupt den Vorschlag gemacht hat, mich als Autorin zu berufen. Ihre Ratschläge zur Gestaltung des Buchs als auch ihre immerwährende positive Bekräftigung meiner Ideen haben stark dazu beigetragen, dass ich voller Mut und Zuversicht schreiben konnte.

Weiterhin danken möchte ich meinem fachlichen Gutachter Prof. Michael Erhart, der durch seine präzisen Anmerkungen mir neue Sichtweisen eröffnete. Inhaltliche als auch strukturelle Unterstützung fand ich bei Frau Constanze Vieth und weiteren Mitarbeitern des Lektorats, die mir – auch durch die Erstellung so mancher Grafik – das Schreiben erleichtert haben.

Eine breite Veröffentlichung des Buchs hätte es nicht gegeben, wenn nicht Frau Dr. Petra Becker als Leiterin der APOLLON University Press das Potenzial für ein Methodenhandbuch für Studierende und Berufspraktiker gesehen hätte. Für die Gespräche, die angenehme Arbeitsatmosphäre und das Vertrauen möchte ich ihr und allen anderen Beteiligten ganz herzlich danken.

Einleitung

Im Alltag wie auch im Rahmen eines wissenschaftlichen Forschungsprozesses findet die Kommunikation größtenteils über das Stellen und Beantworten von Fragen statt. Mit Sicherheit haben Sie sich im Laufe Ihres Lebens schon öfters gefragt: *„Was ist das denn für eine Frage?“*, unabhängig davon, ob es sich nur um ein unverbindliches Alltagsgespräch oder um einen seriösen Fragebogen gehandelt hat. Die Kenntnis und Anwendung von konkreten Richtlinien für eine „gute“ Frageformulierung stellt eine wichtige Grundlage für jede wissenschaftliche Untersuchung dar. In Ihrem Studium werden Sie sich wahrscheinlich mit Frage- und Antwortformulierungen auseinandersetzen müssen, vielleicht auch statistische Kennwerte berechnen. Vielleicht befinden Sie sich aber auch schon im Berufsleben und sind mit quantitativen und qualitativen Befragungen konfrontiert. Wenn Sie jedoch eine „schlecht“ formulierte Frage und einen „schlecht“ aufgebauten Fragebogen als Grundlage nehmen, verfälschen Sie Ihre Ergebnisse von vornherein und ärgern sich vermutlich darüber, dass am Ende Fehler in den Daten auftreten. Kriterien für eine „gute“ Frageformulierung sind daher ein wichtiger Baustein, um zu aussagekräftigen Ergebnissen gelangen zu können. Dabei ist es vollkommen egal, ob Sie gerade studieren oder vielleicht erst viel später oder auch gerade jetzt in Ihrem Beruf eine Fragebogenstudie umsetzen sollen. Vielleicht denken Sie, dass es aber genauso wichtig wäre, auch Richtlinien für qualitative Fragen zur Wahl zu haben, um die einzelne Person mehr in den Vordergrund zu stellen. Fragebögen zielen in der Regel auf eine Befragung von vielen Personen ab. Dann haben Sie Recht. Das folgende Methodenhandbuch wird Ihnen eine Einführung in die Fragebogenkonstruktion für quantitative als auch qualitative Methoden geben. Dabei sollen Sie praxisorientiert lernen und sich zutrauen, die Konstruktionen direkt umzusetzen. Weiterhin sollen Sie dafür sensibilisiert werden, stets die Fragen aus wissenschaftlichen Artikeln oder Ihrem Berufs- bzw. Studienalltag zu hinter*fragen*.

Was alles mit den Begriffen Fragebogen- und Leitfadenkonstruktion gemeint sein kann:

- Entwicklung von sinnvollen Fragen
- Entwicklungsrichtlinien für Testskalen
- angemessener Aufbau und ansprechendes Layout des Fragebogens

- statistische Absicherung der Fragebogenkonstruktion
- Entwicklungsrichtlinien für schriftliche, internetbasierte und postalische Fragebögen
- Entwicklungsrichtlinien für mündliche Leitfäden

Anhand dieses Buchs werden zunächst, einschließlich des zweiten Kapitels, die theoretischen Anwendungszwecke und Kriterien genannt, die wichtig für eine „gute" Frage- und Antwortformulierung im Rahmen von schriftlichen Befragungen und bei mündlichen Interviews sind. Im nächsten Schritt erfolgt dann ein Überblick über Grundlagen der Fragebogenkonstruktion mit exemplarischen praxisorientierten Beispielen. Sie werden in die Lage versetzt, eigenständig und verantwortungsbewusst Daten erheben zu können. Zu Auswertungszwecken wird die statistische Lehre von der „guten" Frage- und Antwortformulierung zusammenfassend erläutert. Anhand dieser Informationen können Sie eigenständig Ihre Daten auswerten. Im vierten Kapitel erfolgt dann eine anwendungsorientierte Einführung in die Leitfadenkonstruktion, die Ihnen Designs und Forschungsbeispiele näherbringt, um qualitative Interviews umsetzen zu können. Abschließend wird eine Reflexion der möglichen Fehler in Fragebögen und Leitfäden angeregt, um sich für die Anwendung der genannten Methoden zielgruppenspezifisch und forschungszentriert entscheiden zu können.

Nach der Bearbeitung dieses Methodenbuchs können Sie die wichtigsten Regeln der schriftlichen Fragebogen- und Testkonstruktion und der mündlichen Leitfadenkonstruktion anwenden. Sie können bewerten, wann es – statistisch gesehen – sinnvoll ist, auf eine Frage zu verzichten. Sie trauen sich die Entwicklung einer eigenen Online-Befragung zu und wissen, welche Tools Sie dafür benutzen können. Dabei handeln Sie stets reflektiert und diskutieren die Vor- und Nachteile Ihres Vorgehens kritisch.

Dieses Methodenhandbuch strebt folgende Lernziele an:

- Sie können unterschiedliche Befragungsformen beschreiben und klar voneinander abgrenzen.
- Sie kennen die wesentlichen Kriterien für eine „gute" Frage- sowie Antwortformulierung in schriftlichen Befragungen oder mündlichen (quantitativen) Befragungen sowie in der Leitfadenkonstruktion für Interviews.

- Sie können eigenständig Fragebögen (sowie Gesprächsleitfäden) konstruieren und diese nach den statistischen Kriterien für eine „gute“ Frage- und Antwortformulierung berechnen und bewerten.
- Sie sind in der Lage, postalische Befragungen so zu gestalten, dass eine möglichst hohe Rücklaufquote erzeugt wird.
- Sie kennen mögliche Fehlerquellen, die sich bei der Konstruktion von Fragebögen und Leitfäden sowie bei der Durchführung und Erhebung der Daten ergeben können.
- Sie sind in der Lage, die Fehlerquellen zu benennen, zu beschreiben und möglichen Fehlerquellen (inkl. Bias) bei der eigenständigen Planung, Durchführung und Auswertung präventiv zu begegnen.

Ich wünsche Ihnen viel Freude beim Lesen und Bearbeiten dieses Buchs!

Ihre

Lisa Lüdders

1 Befragungsformen

In diesem Kapitel erfahren Sie, welche schriftlichen und mündlichen Befragungsformen sehr häufig in der Forschung zum Einsatz kommen. Sie können die Entscheidung für eine spezielle schriftliche oder mündliche Befragungsform auf Basis von Zielgruppen und wissenschaftlichen Fragestellungen begründen. Weiterhin können Sie Vor- und Nachteile der verschiedenen Erhebungsmethoden abwägen.

Ob Sie sich im Rahmen eines Forschungsprozesses für eine schriftliche oder eine mündliche Befragung entscheiden, hängt von unterschiedlichen Kriterien ab. Allein die Fragestellung und die Zielsetzung eines Forschungsvorhabens legt die Wahl einer bestimmten Befragungsform nahe. Wenn Sie sich beispielsweise für ein Thema interessieren, das in der Literatur noch sehr vage beschrieben wird und wenig Vorverständnis gegeben ist, fällt es schwer, Fragen für eine schriftliche Befragung zu formulieren. Sehr wahrscheinlich würden Sie sich für ein qualitatives Interview entscheiden. Denn durch den direkten Kontakt mit den Befragten und die offenere Befragungshaltung erleben Sie – im Idealfall – eine persönliche Sprache, die in einer schriftlichen standardisierten Befragung so nicht möglich ist. Die Planung und die Durchführung einer schriftlichen Befragung unterscheidet sich in vielen Aspekten grundsätzlich von der Vorgehensweise einer mündlichen Befragung, insbesondere von der eines Leitfadeninterviews (vgl. Mayer, 2008). Bei den standardisierten Befragungen gibt es zusätzlich verschiedene Varianten, die es zu unterscheiden gilt. Neben den bereits genannten persönlich-mündlichen Interviews und schriftlichen Befragungen gibt es noch telefonische Umfragen. Zudem können Befragungen auch computergestützt durchgeführt werden, was sich seit etlichen Jahren sehr großer Beliebtheit erfreut. Insbesondere Online-Befragungen sind mit wenig Zeit- und Kostenaufwand einsetzbar. Die praktische Erreichbarkeit einer Zielgruppe als auch die Forschungsökonomie (Budget und Laufzeit einer Studie) sind damit wesentlich mitverantwortlich für die Entscheidung, welche Befragungsform genutzt werden kann (vgl. Möhring/Schlütz, 2013, S. 196). Diese unterschiedlichen Befragungsmöglichkeiten und die damit einhergehenden Entscheidungen, die Forscher treffen müssen, setzen eine gute Differenzierungsfähigkeit voraus. Deshalb werden die

Befragungsformen im Folgenden in die schriftliche und die mündliche Befragung eingeteilt. Auf diese Weise gelingt eine schnellere Unterscheidung der Methoden.

1.1 Schriftliche Befragungsformen

Unter schriftlichen Befragungsformen werden schriftlich vorgelegte Fragen (Fragebögen) verstanden, die Personen dann ebenfalls schriftlich beantworten (vgl. Bortz/Döring, 2006, S. 253; Raab-Steiner/Benesch, 2008, S. 44). Dieses Vorgehen wird mit der quantitativen Forschung assoziiert, denn dort werden die wissenschaftlichen Fragestellungen numerisch gemessen und mit statistischen Verfahren ausgewertet. Somit liegt der Fokus auf dem Ankreuzen einer vorgegebenen Antwort oder dem schriftlichen Beantworten als Freitext. Dieses Kriterium grenzt schriftliche Befragungen eindeutig von einem mündlichen Interview ab. Sie könnten andernfalls ein Interview, bei dem ein Leitfaden eingesetzt wird, als eine Befragung mit einem Fragebogen ansehen. Das ist aber tatsächlich nicht der Fall, weil die befragten Personen mündlich antworten. Bei der schriftlichen Befragung füllen die Personen den Fragebogen selbstständig aus.

MERKSATZ

Eine schriftliche Befragung umfasst den Einsatz eines schriftlichen Fragebogens, der auch schriftlich von den befragten Personen beantwortet werden muss.

In der Wissenschaft wird die systematische Erfassung von Forschungsfragen in einem Fragebogen in Form von schriftlichen Selbstauskünften auch wissenschaftliche Fragebogenmethode genannt (vgl. Döring/Bortz, 2016, S. 398). Er stellt die am häufigsten eingesetzte Forschungsmethode in der Wissenschaft dar. Er findet seine Anwendung z. B. bei der Untersuchung von Einstellungen, Leistungen, Meinungen und Verhalten (vgl. Möhring/Schlütz, 2013, S. 183). Der Fragebogen ist stets wissenschaftlicher Natur, indem er in der Regel den Anspruch hat, die Selbstauskünfte auf eine große Gruppe von Personen zu verallgemeinern. Um dieses Ziel zu erreichen, müssen viele wichtige wissenschaftliche Kriterien erfüllt sein. Diese wissenschaftlichen Kriterien werden wir deshalb noch sehr detailliert beleuchten müssen, denn erst auf diese Weise grenzt sich die wissenschaftliche Befragung von nicht wissenschaftlichen Befragungen ab. Stellen Sie sich beispielsweise vor, Sie sollen in einer Zeitschrift einen Fragebogen ausfüllen, der herausfinden möchte, welcher Arbeitstyp Sie sind. In der Regel besitzen die Fragen und Antworten sowie die Einstufung Ihrer Antworten in einen bestimmten Arbeitstyp keine wissenschaftliche Grundlage. Die Fragen besitzen kaum wissenschaftliche Theorieannahmen, die Antworten sind häufig sehr einseitig, leicht zu durchschauen und die Einstufung erfolgt nicht auf Basis einer an vielen Personen getesteten Punktzahl. Insbesondere im Rahmen von Testverfahren und Experimenten kommt deshalb dem Fragebogen und der Einhaltung wissenschaftlicher Kriterien eine besondere Bedeutung zu. Ein solcher Fragebogen wird dann auch wörtlich als Test bezeichnet. Ein Test stuft eine Person im Nachhinein in eine Gruppe von Personen ein, die zuvor als Vergleich herangezogen wurde. Bei dieser Variante müssen besondere wissenschaftliche Kriterien im Vordergrund stehen, die eine solche Diagnostik möglichst genau und zuverlässig gestatten. Fehler mussen gut kontrolliert werden, denn eine Fehldiagnose könnte beträchtlichen Schaden bei der Testperson auslösen. Die Testperson muss sich somit auf den Test verlassen können. Bei Tests können entweder die untersuchten Personen selbst antworten und Auskunft über sich geben (Selbsteinschätzung bzw. Selbstbericht) oder andere Personen geben Auskunft über eine andere Person (Fremdeinschätzung bzw. Fremdbericht). Beispielsweise könnte ein Therapeut seine Patientin stellvertretend auf einer Testskala zum Thema Depression bewerten. Während in Testverfahren Fremdberichte durchaus zum Einsatz kommen, arbeitet der Fragebogen im Rahmen der wissenschaftlichen Fragebogenmethode jedoch überwiegend mit Selbstauskünften. Fremdberichte sind eher selten. Eine Fragebogenstudie möchte in der Regel keine Einstufung einer einzelnen Person vornehmen und damit keine Diagnose anschließen. Weiterhin müssten für Fremdberichte Personen gefunden werden, die möglichst gut eine andere Person einschätzen können. Ein solches Vorgehen ist nicht nur aufwendig, sondern gleichzeitig absurd, wenn die eigentlich zu befragende Person auch selbst den Fragebogen ausfüllen kann. Dadurch entstehen zusätzlich weniger Fehler. Denn eine andere Person könnte bei ihrer Fremdeinschätzung auch falsch liegen.

Eine weitere Entscheidung muss bezüglich der Häufigkeit der schriftlichen Befragung getroffen werden. Sie können den Fragebogen einmal einsetzen (Querschnittuntersuchung), jedoch aber auch mehrmals über eine gewisse Zeitspanne hinweg (Längsschnittuntersuchung). Bei Längsschnittuntersuchungen möchte der Forscher herausfinden, inwiefern sich dieselben Personen über die Zeit in ihren Antworten verändert haben. Methodisch birgt ein solches Design die Gefahr, dass eine dokumentierte Veränderung nicht immer eindeutig interpretiert werden kann. Die Personen könnten beispielsweise einen Lerneffekt zeigen, wenn zeitversetzt mehrmals die gleichen Leistungen oder das gleiche Wissen abgefragt wird. Eine besondere Stärke des Fragebogens ist aber die Erfassung von intimen Themen oder Verhaltensweisen, weil die Befragten kaum mit dem Forscher kommunizieren müssen und ihre Anonymität während der Befragungssituation bewusster wahrnehmen. Aber der Einsatz einer schriftlichen Befragung unterliegt bestimmten Voraussetzungen: Die befragten Personen müssen über die Fragestellungen Auskunft geben wollen. Und sie müssen auch in der Lage dazu sein, die Fragen und Antworten zu verstehen und einordnen zu können (vgl. Möhring/Schlütz, 2013, S. 185).

Panelbefragung

Durch den Einsatz eines schriftlichen Fragebogens können Sie viele Personen gleichzeitig befragen. Sie können aber auch Personen zeitversetzt mehrfach befragen. Bei mehrfachen Befragungen mit dem gleichen Fragebogen wird zwischen der Mehrfachbefragung von denselben Personen zu unterschiedlichen Messzeitpunkten (Panelbefragung) und der Mehrfachbefragung mit dem gleichen Fragebogen mit unterschiedlichen Befragten differenziert (Trend- bzw. Tracking-Studie) (vgl. Döring/Bortz, 2016, S. 211).

PRAXISBEISPIEL 1.1

Im Rahmen eines Sportprojekts gehen Sie alle fünf Wochen mit 15 Frauen walken. Nach dem Walking füllen die Frauen einen schriftlichen Fragebogen u. a. mit Fragen zu ihrem aktuellen Gewicht, ihrem gesundheitlichen Wohlbefinden und ihrer Leistungsfähigkeit aus. Da es sich immer um dieselben 15 Frauen handelt, haben Sie eine Panelbefragung durchgeführt. Sofern Sie 75 Frauen auf fünf Messzeitpunkte aufgeteilt haben, handelt es sich um eine Trend- bzw. Tracking-Studie.

Paper- und Pencil-Befragung

Unter einer Paper- und Pencil-Befragung wird eine schriftliche Befragung mittels eines ausgedruckten Fragebogens und eines Stifts verstanden. Die Probanden füllen den Fragebogen somit per Hand aus.

Eine Paper- und Pencil-Befragung steht im Kontrast zur Online-Befragung, die computergestützt umgesetzt wird. Sie kann sowohl persönlich, z. B. in den Forschungslaboren einer Universität, als auch per Post durchgeführt werden. Die erstere Variante bietet sich eher an, da durch die Anwesenheit eines Forschers die Situation während der Befragung kontrolliert werden kann. Der Forscher kann zudem festlegen, welche Personen er wie erreichen und anwerben möchte, d. h. er kann die Repräsentativität z. B. durch eine probabilistische Stichprobentechnik (Zufallsstichprobe oder geschichtete Stichprobe) gewährleisten.

Gründe, die für den Einsatz einer Paper- und Pencil-Befragung sprechen:

- ➚ Bei einer Paper- und Pencil-Befragung kann die Repräsentativität durch den Forscher vorab kontrolliert werden.
- ➚ Es können viele Personen gleichzeitig an der Befragung teilnehmen.
- ➚ Bei der persönlichen Paper- und Pencil-Befragung haben die Forscher die Kontrolle über die Befragungssituation und können auch kontrollierend in die Situation eingreifen, z. B. durch Ausschluss von ablenkenden Faktoren.
- ➚ Im persönlichen Kontakt können Verständnisfragen zu der Beantwortung des Fragebogens von den teilnehmenden Personen gestellt und durch die Forscher geklärt werden.

Gründe, die gegen den Einsatz einer Paper- und Pencil-Befragung sprechen:

- ➘ Eine persönliche Paper- und Pencil-Befragung erfordert einen hohen zeitlichen und finanziellen Aufwand, weil die Forscher während der Befragung anwesend sein müssen und so Zeit- und Kostenfaktoren in Anspruch genommen werden.
- ➘ Paper- und Pencil-Befragungen müssen ausgedruckt und die Antworten später in ein Softwaresystem eingelesen werden. Dieses erhöht ebenfalls die finanziellen und zeitlichen Ressourcen.

- Die befragten Personen müssen sich den Fragen und Antworten bewusst sein und antworten können.
- Die befragten Personen müssen der gewählten Sprache und der Lese- und Rechtschreibfähigkeit mächtig sein.

Postalische Befragung

Die postalische Befragung ist eine Variante der Paper- und Pencil-Befragung, bei der die Repräsentativität vorab durch den Forscher kontrolliert werden kann. Die Befragung wird ausschließlich über den Postweg durchgeführt, d. h. der Forscher ist nicht persönlich vor Ort.

Postalische Befragungsstudien dauern meistens sehr viel länger, da Forscher die potenziellen Umfrageteilnehmer erst anschreiben und dann nochmals Antwortfristen einhalten sowie ggf. Erinnerungsschreiben verfassen müssen. Die Rücklaufquoten von postalischen Befragungen sind in der Regel schlechter als bei persönlichen Befragungen (vgl. Döring/Bortz, 2016, S. 414). Denn die Personen müssen den Fragebogen erst als wichtiges Schreiben identifizieren und nicht als Werbepost, die umgehend in den Altpapiercontainer gelegt wird. Sollten sich die Befragten für eine Teilnahme entscheiden, müssen sie zusätzlich die Unterlagen auf den Postweg schicken und den Umschlag in den nächstgelegenen Briefkasten einwerfen. Selbst wenn dieses geglückt ist, bleibt ein letztes Problem: Die angeschriebenen Personen haben unter verschiedenen Rahmenbedingungen an der Befragung teilgenommen, die dem Forscher verborgen blieben.

PRAXISBEISPIEL 1.2

Eine Person füllt einen, ihr postalisch zugesandten Fragebogen während einer TV-Werbepause aus. Während dieser Werbepause leert sie das zweite Glas Rotwein und bespricht sich mit dem Ehepartner. Dieser gibt noch gute Tipps, wie er die Fragen beantworten würde. Bei den letzten drei Fragen beginnt die TV-Serie. Um diese nicht zu verpassen, füllt die Person die Fragen – ohne langes Nachdenken und genaues Lesen – aus. Der Forscher erhält den Fragebogen vier Tage später. Er weiß nicht, wie die Antworten zustande gekommen sind und gibt sie umgehend in die Auswertungssoftware ein.

Gründe, die für den Einsatz einer postalischen Befragung sprechen:

- ➚ Die Repräsentativität der Ergebnisse kann der Forscher vorab kontrollieren.
- ➚ Es können viele Personen gleichzeitig angeschrieben werden.
- ➚ Der Personalaufwand ist gering, da kein persönlicher Kontakt aufgebaut werden muss.
- ➚ Durch die unpersönliche Befragungsform kann die Anonymität die Glaubwürdigkeit der Antworten begünstigen.

Gründe, die gegen den Einsatz einer postalischen Befragung sprechen:

- ➘ Der finanzielle Aufwand ist hoch, da Druckkosten und mehrmalige Anschreiben erfolgen müssen.
- ➘ Die Rücklaufquoten sind gering.
- ➘ Die Befragungssituation kann bei postalischen Befragungen nicht kontrolliert werden.
- ➘ Die befragten Personen müssen sich den Fragen und Antworten bewusst sein und antworten können.
- ➘ Die befragten Personen müssen der gewählten Sprache mächtig sein und über ausreichend Lese- und Rechtschreibfähigkeit verfügen.
- ➘ Die befragten Personen müssen den Weg zum Briefkasten bewältigen können.

Online-Befragung

Online-Befragungen sind schriftliche Befragungen mittels html-basierter Fragebögen, die über das Internet umgesetzt werden. Ein Beispiel für eine Online-Befragungssoftware ist die kostenpflichtige Software Unipark, welche von Studierenden und Mitarbeitern von Hochschulen genutzt werden kann. Auch Rogator und 2ask stammen vom Anbieter Questpark (vgl. Taddicken, 2013, S. 202).

Die schnelle Umsetzbarkeit einer Online-Befragung führt dazu, dass diese schriftliche Befragungsform sehr häufig zum Einsatz kommt. Auch wenn die Online-Befragung zu den wichtigsten Befragungsformen zählt, ist dennoch nicht anzunehmen, dass sie andere Befragungsformen vollständig ersetzen kann. Denn die Online-Befragung stellt den Forscher vor spezielle Herausforderungen, denen er bei den anderen Befragungsarten nicht begegnet (vgl. Taddicken, 2013, S. 201 ff.). Eine solche Herausforderung ist z. B. die Ansprache der potenziell zu befragenden Personen. Hier gibt es die Möglichkeit, die Untersuchungspersonen aktiv über das Internet anzusprechen oder sie passiv für die Befragung anzuwerben.

PRAXISBEISPIEL 1.3

Ein Forscher stellt einen Link in soziale Netzwerke und wartet darauf, dass Personen diesen Link aufrufen und an seiner Befragung teilnehmen. In diesem Fall haben sich die Teilnehmer bewusst und eigenständig für die Online-Befragung entschieden. Der Forscher hat diese Personen somit passiv zusammengestellt.

Bei einer aktiven Werbung von Teilnehmern findet eine vorherige Auswahl der Personen statt, z. B. durch eine Liste. Die Personen werden direkt kontaktiert und erhalten beispielsweise einen personengebundenen Zugang zur Befragung, z. B. durch ein Passwort.

PRAXISBEISPIEL 1.4

Ein Forscher wählt für seine Online-Befragung alle Studierenden einer Hochschule eines bestimmten Studiengangs aus. Dafür erhält er vom Studienbüro eine Liste mit den E-Mailadressen. Anschließend schreibt er alle Studierenden an und bittet um Teilnahme an der Evaluation des Studiengangs.

Auf Grundlage einer passiven oder aktiven Anwerbung von Teilnehmern ergeben sich diverse Probleme, die es zu berücksichtigen gilt. In der Regel ist von einer starken Verzerrung der Ergebnisse auszugehen, die keine repräsentativen Schlüsse zur Verallgemeinerung auf Personen außerhalb dieses Teilnehmerkreises zulässt. In Praxisbeispiel 1.4 können wir nicht davon ausgehen, dass die Ergebnisse der Umfrage für alle Einwohner Deutschlands gültig sind. Wir können auch nicht davon ausgehen, dass die Ergebnisse auf alle Studierenden aller Hochschulen Deutschlands zutreffen. Auch bezogen auf den gewählten Studiengang ergeben sich Probleme: Die Ergebnisse sind auch nicht unbedingt auf alle Studierenden in Deutschland übertragbar, weil die gewählte Hochschule sich in ihrer Struktur des Studiengangs von anderen Hochschulen unterscheiden könnte. Wir können jedoch vermuten, dass die Befragung für das Setting der ausgewählten Hochschule repräsentativ ist, weil sich dieses aus der alleinigen Auswahl der dort immatrikulierten Studierenden ergibt. Zwar wissen wir nicht, wer geantwortet hat (es könnten rein theoretisch auch Personen gewesen sein, die Zugang zu dem E-Mail-Account durch Kenntnis des Passworts hatten, z. B. Familienangehörige), die Chance einer repräsentativen Antwort ist aber relativ hoch.

Sobald Sie Online-Umfragen umsetzen müssen, die eine breite Masse an Personen im Internet erreichen sollen, haben Sie das Problem, dass Sie über keine Liste ALLER infragekommenden Personen verfügen, z. B. aller freiberuflichen Coaches in Hamburg. Sie müssten umfangreich recherchieren und selbst dann könnte es Ihnen passieren, dass Sie Personen übersehen. Damit steigt die Wahrscheinlichkeit, Verzerrungen in den Ergebnissen zu erhalten.

ÜBUNG 1.1

Sie haben einen Link in ein soziales Netzwerk gestellt, um der Frage nachzugehen, wie die befragten Personen die Tabellenplatzierung des Hamburger Sportvereins (HSV) in der nächsten Saison einschätzen. Reflektieren Sie die Probleme, die bei mit einer solchen Befragung auftreten.

TIPP:

Denken Sie bei der Übung an die Frage, wer sich durch einen solchen Link angesprochen fühlt. Würden Sie an dieser Umfrage teilnehmen? Wenn ja, warum? Wenn nein, warum nicht? Betrachten Sie auch das Thema genauer: Wer fühlt sich durch das Thema angesprochen und wird wahrscheinlich teilnehmen? Wenn Sie den Teilnehmerkreis eingegrenzt haben: handelt es sich dann um eine repräsentative Umfrage?

Die Wahrscheinlichkeit für Verzerrungen kann bei einer passiven Werbung durch Intercept-Befragungen gesenkt werden. Hierzu werden nicht alle Besucher einer Internetseite zur Teilnahme an der Befragung aufgerufen, sondern nur bestimmte, nach einem speziellen Verfahren ausgewählte. Somit können die Internetseitennutzer nicht selbst bestimmen, ob sie zur Teilnahme eingeladen werden oder nicht (vgl. Taddicken, 2013. S. 203 f.). Der Aufruf zur Teilnahme erscheint während des Nutzungsvorgangs, „entweder beim Aufrufen oder Verlassen der Seite oder auch bei Durchführung einer spezifischen Aktion. Die User werden also in ihrer Nutzung unterbrochen, daher der Name Intercept-Befragung“ (Taddicken, 2013, S. 204). Im Grunde ist eine Verallgemeinerung der Ergebnisse aber nur bei aktiven Anwerbungen zur Teilnahme möglich, da der Forscher hierbei die Repräsentativität vorab durch eine gute Auswahl des Teilnehmerkreises gewährleisten kann. Problematisch bleibt jedoch, dass es keinen allgemeingültigen Verteiler aller existierenden E-Mailadressen und aller Internetnutzer gibt, sodass Online-Befragungen in den Bereichen, in denen dieses Wissen nötig wäre, keine repräsentativen Ergebnisse erzeugen. Damit sind Online-Befragungen meist nicht repräsentativ!

PRAXISBEISPIEL 1.5

Sie möchten eine Untersuchung zur Einstellung gegenüber einem bestimmten Lebensmittelprodukt im Internet durchführen. Sie müssen entscheiden, wo und wie Sie im Internet auf Ihre Studie aufmerksam machen möchten. Egal, welche Entscheidung Sie fällen, es wird immer dazu führen, dass Sie die große Masse der Internetnutzer nicht definieren und erreichen können.

Um Personen aus dem Internet geeignet rekrutieren zu können, werden im wissenschaftlichen Bereich häufig Online-Access-Panels umgesetzt. Hierbei handelt es sich um Personen, die regelmäßig an Online-Umfragen teilnehmen. Diese Personen erklären sich bereit, ihre soziodemografischen Personendaten (evtl. auch weitere Informationen zu besonderen Interessengebieten) einem Anbieter zur Verfügung zu stellen. Auf Basis dieser Daten werden die Teilnehmer für entsprechende Umfragen aktiv angeworben. Dieses ermöglicht mehr Repräsentativität, wobei weiterhin Verfälschungen nicht ausgeschlossen werden können. Wichtig ist, dass das Panel einen geringen Anteil an „Nichtantwortern" aufweist und durchschnittliche Rücklaufquoten von circa 50 % erreicht werden sowie ausreichend Personen mit repräsentativen und aktuellen Ausgangsdaten (z. B. Alter, Interessen, Meinungen) vorliegen (vgl. Taddicken, 2013, S. 205 f.).

Gründe, die für den Einsatz einer Online-Befragung sprechen:

- Das Internet ermöglicht eine nationale und internationale Verbreitung des Fragebogens, die bei anderen Befragungsformen nicht möglich ist.
- Der Online-Fragebogen erreicht sehr viele Personen, die daran teilnehmen können.
- Die finanziellen Kosten sind sehr gering, da keine Kosten z. B. für die Interviewer und Anreisewege anfallen.
- Der Fragebogen kann ansprechend gestaltet werden, z. B. mit Fotos, Abbildungen oder auch Hörmaterial.

- Der zeitliche Aufwand zur Erstellung des Fragebogens hängt von den technischen Fähigkeiten des Entwicklers ab; die Erhebungszeit ist jedoch sehr kurz, weil viele Personen gleichzeitig geworben werden und auch gleichzeitig antworten können.
- Die Daten des Fragebogens werden direkt erfasst und müssen nicht erst vom Forscher eingegeben werden.

Gründe, die gegen den Einsatz einer Online-Befragung sprechen:

- Die Repräsentativität der Ergebnisse kann nur schwer gewährleistet werden.
- Die befragten Personen müssen sich der Fragen und Antworten bewusst sein und antworten können.
- Die befragten Personen müssen der gewählten Sprache und der Lese- und Rechtschreibfähigkeit mächtig sein.
- Die Online-Befragung setzt Computerliteralität voraus, d. h. die befragten Personen können nur an der Umfrage teilnehmen, wenn sie mit dem Computer und dem Internet umgehen können sowie dieses aktiv nutzen.
- Es können die Situationen während des Antwortens nicht kontrolliert werden, da kein persönlicher Kontakt zwischen Forscher und Befragtem besteht. Damit ist unklar, wer den Fragebogen unter welchen Bedingungen ausfüllt.

Neben der klassischen Online-Befragung können Personen auch mobil befragt werden. Smartphones und Tablets werden heutzutage genutzt, um die Befragung online noch schneller zu realisieren. Mittels einer App kann die Befragung noch angenehmer gestaltet und die Erreichbarkeit bestimmter Zielgruppen, z. B. Jugendliche oder zeitlich unflexible Personen, verbessert werden.

LESEHINWEIS

Weiterführende Informationen zur Online-Befragung finden Sie bei Taddicken im Buch von Möhring und Schlütz (2013) *Handbuch standardisierte Erhebungsverfahren der Kommunikationswissenschaft* in dem Kapitel *Online-Befragung* auf den Seiten 201–217.

Eine schriftliche Befragungsform zu wählen, bedeutet in der Regel, einen höheren Grad der Standardisierung einzuhalten als es bei einer mündlichen Befragung der Fall wäre. Denn schriftliche Befragungen haben einen vorgegebenen Ablauf mit oftmals geschlossenen Antworten, die ein Befragter nur noch ankreuzen muss. Zwar können schriftliche Befragungen auch vollkommen unstandardisiert ablaufen, indem befragte Personen beispielsweise einen Aufsatz zu einem bestimmten Thema schreiben oder Sätze ergänzen sollen. In der Wissenschaft ist das aber seltener der Fall. Grund hierfür ist die höhere Akzeptanz dieser Befragungsmethode bei „formal besser gebildeten Untersuchungspersonen“ (Döring/Bortz, 2016, S. 401). Ebenfalls ist eine halbstandardisierte schriftliche Befragung denkbar, in der Befragte nur Fragen vorliegen haben und die Antworten komplett frei schriftlich äußern. Dieses Vorgehen entspricht einem mündlichen Interviewleitfaden, nur dass die Personen schriftlich antworten (vgl. Döring/Bortz, 2016, S. 403). Auch diese Methode wird seltener eingesetzt. Standardisierte schriftliche Befragungen sind die Regel. Allen schriftlichen Befragungen ist jedoch gemeinsam: Sie erlauben ein größeres Maß an Anonymität, da keine direkte Beziehung zwischen Forscher und Beforschten entsteht und in die Untersuchung einfließt. Diese Anonymität kann ehrliche Antworten der befragten Personen begünstigen während bei mündlichen Befragungen der unmittelbare Kontakt zu reaktiven Effekten – bespielweise zu sozial erwünschten Antworten – führen kann. Ob Sie sich für oder gegen eine bestimmte schriftliche Befragungsform entscheiden, hängt alleine von Ihren Forschungsinteressen und Ihren Ressourcen (finanziell, zeitlich usw.) für die Durchführung der Befragung ab (vgl. Hussy et al., 2013, S. 75).

LESEHINWEIS

Einen detaillierten Einblick in die unstandardisierte und halbstandardisierte schriftliche Befragung erhalten Sie in dem Unterkapitel *Qualitative Fragebogenmethode* in dem Buch von Döring und Bortz (2016): *Forschungsmethoden und Evaluation* auf den Seiten 401–405.

1.2 Mündliche Befragungsformen

Mündliche Befragungen umfassen beispielsweise das persönliche mündliche Interview (Face-to-Face-Interview) oder die telefonische Befragung. Unter mündlichen Befragungsformen wird in der Regel das Interview verstanden. Der Begriff Interview stammt ursprünglich von dem französischen Wort „entrevue" bzw. dem Verb „entrevoir" ab und bedeutet eine „kurze Begegnung" oder „eine Verabredung, sich gemeinsam zu treffen" (vgl. Lamnek, 2010, S. 301). Dabei wird zunächst eine alltägliche Kommunikationsform (sich kurz begegnen) deutlich, die aber nicht wirklich einer Alltagssituation entspricht. Die Befragungssituation ist künstlich, denn die Personen, die sich treffen, kennen sich meist nicht (vgl. Kromrey, 2002, S. 351). Weiterhin besteht eine asymmetrische Kommunikation, denn der Forscher stellt ausschließlich die Fragen und der Befragte antwortet. In einer natürlichen Gesprächssituation würden beide Gesprächspartner sich in der Regel gegenseitig austauschen.

Beim Interview (be)nutzt der Forscher den Befragten als Informationsquelle und damit als Mittel zum Zweck. Trotz dieser Kritik wird in der Literatur das Interview häufig als „Königsweg" bezeichnet (vgl. König, 1972, S. 23; Döring/Bortz, 2016, S. 375; Lamnek, 2010, S. 301), weil die Auffassung vertreten wird, dass durch den direkten Kontakt zu den befragten Personen und ihrer Freiheit, mündlich zu antworten, besonders wertvolle Informationen gesammelt werden können. Deshalb wird die mündliche Befragung auch eher der qualitativen Forschung zugeordnet. Dies bedeutet aber nicht, dass nicht auch quantitative mündliche Befragungen möglich sind. Das hängt ganz von dem Grad der Standardisierung ab. Das Interview gliedert sich nämlich in viele mögliche Facetten mit zahlreichen Interviewtechniken.

Betrachtet man ausschließlich den Grad der Standardisierung, entstehen drei mögliche Vorgehensweisen:

- unstandardisierte Interviews, die Erzählungen anregen sollen, z. B. narratives Interview
- halbstandardisierte Interviews mit einem Leitfaden, z. B. Experteninterview oder problemzentriertes Interview
- standardisierte Interviews mit vorgegebenen Antwortmöglichkeiten

Unter Standardisierung wird die Festlegung des Befragungsvorgehens des Forschers vor der Befragung bezeichnet, d. h. wie viel Entscheidungsfreiheit dem Forscher und den Befragten im Verlauf der Befragung noch bleibt (vgl. Möhring/Schlütz, 2013, S. 185). Zusätzlich hängt das Ausmaß der Standardisierung von der Forschungsausgangslage ab. Wenn eine einzelne Person und ihre individuellen Erfahrungen im Fokus der wissenschaftlichen Fragestellung stehen, sollte man auf unstandardisierte Interviews zurückgreifen. Wenn bereits einige präzise Fragen formuliert werden können, ist ein halbstandardisiertes oder standardisiertes Interview vorzuziehen.

HINWEIS

In diesem Methodenhandbuch wird unter Interview eine normative Definition in Anlehnung an Scheuch (1967) verstanden, d. h. „ein planmäßiges Vorgehen mit wissenschaftlicher Zielsetzung, bei dem die Versuchsperson durch eine Reihe gezielter Fragen oder mitgeteilter Stimuli zu verbalen Informationen veranlasst werden soll“ (Scheuch, 1967, S. 70, zitiert nach Lamnek, 2010, S. 302).

Damit scheidet ein vollkommen offenes Vorgehen (ohne gezielte Fragen des Interviewers) aus, ein Leitfaden mit ausformulierten Fragen wird vorausgesetzt. Darüber hinaus wäre auch ein standardisiertes Interview denkbar, d. h. nicht nur die Formulierung der Fragen, sondern auch ihre Reihenfolge sind fest vorgegeben: Der Interviewer arbeitet diese Fragen präzise ab. Ein Abweichen von dieser Reihenfolge ist nicht vorgesehen. Um den Grad der Standardisierung nochmals zu erhöhen, sind zusätzlich auch vorformulierte Antworten denkbar (vgl. Lamnek, 1980, S. 134, zitiert nach Lamnek, 2010, S. 307).

MERKSATZ

In einer mündlichen Befragung werden mündliche Fragen auf Basis eines mehr oder weniger ausdifferenzierten Fragebogens (= Leitfadens) gestellt, die von den Befragten auch mündlich beantwortet werden.

Face-to-Face-Interview

Das Face-to-Face-Interview setzt auf eine persönliche Befragungssituation, in der sich sowohl der Forscher als auch die befragte Person gegenübersitzen. Damit wird die Idee einer unmittelbaren, direkten Kommunikation verfolgt. Entweder geht der Forscher standardisiert vor, indem er sowohl die Fragen als auch die Antworten vorgibt oder er arbeitet mit ausformulierten Fragen (die ggf. auch in der Reihenfolge variieren könnten), aber ohne vorgegebene Antworten. Im ersten Fall kann der Forscher eine gewisse Vergleichbarkeit zwischen mehreren befragten Personen herstellen, da das starre Vorgehen kaum Abweichungen zulässt. Im zweiten Fall handelt es sich um ein halbstandardisiertes Vorgehen, d. h. der Forscher nutzt den Leitfaden als Mittel zur Gesprächsführung und stellt ggf. während des Interviews auch weiterführende Fragen außerhalb des ursprünglichen Leitfadens. Diese Art zu interviewen wird häufig mit dem klassischen Leitfadeninterview der qualitativen Forschung gleichgesetzt (vgl. Hussy et al., 2013, S. 225). Der Begriff Leitfadeninterview stellt jedoch „einen Sammelbegriff für verschiedene Interviewformen dar“ (Hussy et al., 2013, S. 226). Da jede einzelne Interviewform für sich eine eigenständige Methode einsetzt, wird an dieser Stelle auf eine detaillierte Beschreibung des methodischen Vorgehens verzichtet (für einzelne Beispiele der mündlichen Frageformulierung vgl. Kapitel 2.2.2). Prinzipiell könnte nämlich, neben zahlreichen Einzelinterviewtechniken, auch die Methode der Gruppendiskussion (Gruppeninterview) als mündliche Befragungsform angesehen werden. Bei der Gruppendiskussion diskutieren mehrere Personen über ein Thema, welches der Forscher benennt. Moderiert wird die Diskussion anhand eines Leitfadens. Allen Befragungsformen gemeinsam ist ein Leitfaden, dessen Konstruktionsregeln in diesem Methodenhandbuch schwerpunktmäßig behandelt werden (vgl. Kapitel 4).

PRAXISBEISPIEL 1.6

Im Rahmen eines Face-to-Face-Interviews fragt ein Forscher nach Essgewohnheiten am Wochenende. Dazu gibt er die Antwortkategorien vor: „Schätzen Sie ein: große Abweichung vom Essverhalten unter der Woche – mittlere Abweichung vom Essverhalten unter der Woche – keine Abweichung vom Essverhalten unter der Woche". Der Forscher hat ein standardisiertes Interview eingesetzt. Würde er stattdessen im Rahmen seines Interviews Fragen dieser Art stellen: „Wie schätzen Sie Ihre Essgewohnheiten am Wochenende ein?" und die Reihenfolge der Fragen nicht strukturiert abarbeiten, würde es sich um ein halbstandardisiertes Vorgehen handeln.

Gründe, die für den Einsatz eines Face-to-Face-Interviews sprechen:

- ↗ Die direkte Kommunikation ermöglicht eine Aktion und Reaktion zwischen Forscher und befragter Person. Zum Beispiel können Antworten zu Fragen erneut hinterfragt werden, um ein gemeinsames Verständnis des Forschungsthemas abzusichern. Dieses begünstigt eine höhere Gültigkeit der nachfolgenden Auswertungen.
- ↗ Die direkte Kommunikation kann ein Vertrauensverhältnis begünstigen und zu authentischen Antworten führen, das durch andere Befragungsformen so nicht möglich gewesen wäre.
- ↗ Alle Sinne der Befragten und der Forscher können in dieser Befragungsform angesprochen werden, z. B. visuelle Faktoren, Hörmaterial oder Gerüche.

Gründe, die gegen den Einsatz eines Face-to-Face-Interviews sprechen:

- ↘ Es können nicht so viele Personen persönlich mündlich befragt werden, wie es bei schriftlichen Befragungen der Fall ist.
- ↘ Die direkte Kommunikation kann zu reaktiven Effekten zwischen Forscher und Befragten führen.
- ↘ Der Interviewer kann sich durch den hohen Grad der Standardisierung nur auf den Leitfaden stützen. Dieser muss entsprechend gut ausgearbeitet sein.

- Der Einsatz eines Leitfadens kann die asymmetrische Kommunikation noch verstärken.
- Der Interviewer muss sich in den Themen des Interviews sehr gut auskennen und demzufolge „mitreden“ können.
- Der Interviewer muss befragte Personen zum Reden anregen können. Auf eine Frage folgt idealerweise eine Antwort, darauf dann wieder eine Frage usw.
- Der Interviewer muss geeignet Nachfragen und Konkretisieren, um auf unvorhersehbare Situationen angemessen reagieren zu können.
- Die drei zuletzt genannten Punkte weisen auf einen hohen zeitlichen und finanziellen Aufwand hin: Interviewer müssen gut geschult werden, um sie auf ihre Rolle vorzubereiten.
- Die Befragten müssen Auskunft geben wollen und sich der Fragen bewusst sein.
- Die Befragten müssen sich sprachlich ausdrücken können.

Telefonische Befragung

Telefonische Befragungen können Face-to-Face-Interviews ablösen, wenn eine schnelle Erreichbarkeit der zu befragenden Personen nötig ist. Dadurch, dass kein Ort gefunden werden muss, an dem man sich persönlich trifft, spart ein Telefoninterview durchaus Kosten ein. Jedoch ergeben sich auch für diese Methode spezifische Probleme. So sind nicht alle Personen, die per Telefon erreicht werden können, tatsächlich erreichbar. Dieses Problem wird bereits bei der Suche nach Telefonnummern deutlich: Nicht jede potenziell zu befragende Person ist tatsächlich mit der Telefonnummer identifizierbar. Telefonbücher geben keine repräsentative Grundlage, denn nicht jede Person lässt sich dort eintragen. Auch korreliert ein Eintrag in das Telefonbuch mit anderen Persönlichkeitseigenschaften und soziodemografischen Merkmalen (vgl. Döring/Bortz, 2016, S. 390 f.). Beispielsweise kann angenommen werden, dass jüngere Personen sich seltener in ein Telefonbuch eintragen lassen als ältere Personen. Um dieses Problem zu umgehen, können Nummern, die nicht im Telefonbuch eingetragen sind, auch zufallsbedingt angewählt werden. Hierzu verwendet man Nummern, deren letzte Ziffern man durch Zufallsziffern ersetzt. Zwar werden telefonische Befragungen heutzutage oftmals durch Computer unterstützt und Telefonnummern mitunter durch einen Zufallsgenerator gewonnen, doch schützt dieses Vorgehen nicht zwangsläufig vor allen Nachteilen der Methode.

ÜBUNG 1.2

Sie möchten gerne eine telefonische Befragung umsetzen. Hierzu verwenden Sie ein aktuelles Telefonbuch. Sie ziehen aus diesem Telefonbuch zufällig zehn Namen. Welche Probleme könnten auf Sie zukommen, wenn Sie die Nummern gewählt haben?

TIPP:

Bedenken Sie bei dieser Übung nicht nur die bereits genannten Probleme der Repräsentativität. Überlegen Sie auch in folgende Richtung: Was könnte passieren, wenn Sie die Nummer gewählt haben? Welche Situationen und Reaktionen des potenziell zu Befragenden könnten auftauchen? Welche Person haben Sie überhaupt am Telefon?

Gründe, die für den Einsatz einer telefonischen Befragung sprechen:

- ↗ Der finanzielle Aufwand ist gering.
- ↗ Die Befragten sind schneller erreichbar als bei einem persönlichen Face-to-Face-Interview, da eine Terminfindung entfällt.

Gründe, die gegen den Einsatz einer telefonischen Befragung sprechen:

- ↘ Es kann nur auf auditives Material zurückgegriffen werden. Die Reaktion der Befragten auf Basis der visuellen Wahrnehmung (z. B. die Analyse von Gestik und Mimik) kann nicht gedeutet werden.
- ↘ Es können nur Personen erreicht werden, die im Besitz eines Telefons mit registriertem Anschluss sind und die in einem Telefonbuch verzeichnet sind. Andernfalls müssten die Telefonnummern zufällig bestimmt werden.

Mittlerweile gibt es auch die Möglichkeit, eine mündliche Befragung online durchzuführen. Die befragte Person und der Forscher können telefonisch mithilfe spezieller Software (z. B. Skype) miteinander kommunizieren. Auch eine schriftliche Befragung wäre beispielsweise via Chat denkbar. Ob eine telefonische Befragung oder ein Face-to-Face-Interview oder eine schriftliche Befragungsvariante für Sie die richtige Erhebungsmethode ist, hängt von Ihrem Forschungsziel, Ihren Forschungsressourcen und Ihrer kritischen Reflexion der Vor- und Nachteile der unterschiedlichen Methoden ab. Die Auswahl und der Einsatz der Methoden sind auf Ihre gute Argumentation angewiesen!

LESEHINWEIS

Einen detaillierten Einblick in die mündliche Befragung und in die qualitative Befragung erhalten Sie in dem Unterkapitel *Interview* im Buch von Döring und Bortz (2016): *Forschungsmethoden und Evaluation* auf den Seiten 356–397.
Eine Differenzierungstabelle von quantitativen und qualitativen Befragungsformen ist in dem Buch von Lamnek (2010): *Qualitative Sozialforschung* auf der Seite 303 zu finden.
Die Vor- und Nachteile von mündlichen und schriftlichen Befragungen sind in dem Kapitel *Verfahren der Befragung* in dem Buch von Scholl (2015): *Die Befragung* umfassend auf den Seiten 29–59 beschrieben.

Zusammenfassung

Schriftliche und mündliche Befragungsformen unterscheiden sich in grundlegenden Eigenschaften voneinander. Jede Befragungsform besitzt Vor- und Nachteile, die von dem Forschungsziel abhängen. Schriftliche Befragungen ermöglichen den Befragten, über die Fragen nachzudenken und die Antworten genau abzuwägen. Spontane und schnelle Antworten auf Fragen, wie sie bei einer mündlichen Befragung gewünscht werden, sind nicht im Fokus. Zwar gibt es beispielsweise im Repertoire der psychologischen Fragebögen und Testverfahren Varianten, die sich schnelle Antworten – ohne langes Grübeln – wünschen, jedoch besitzt der Befragte auch dann in der Regel immer noch mehr Zeit zum Antworten als in einer mündlichen Interviewsituation. Durch Anwendung einer persönlichen Paper- und Pencil-Befragung kann der Forscher zusätzlich ein hohes Maß an Kontrolle über die Befragungssituation gewinnen und somit Fehlerquellen reduzieren. Bei postalischen Befragungen, als Sonderform der Paper- und Pencil-Befragung, muss der Forscher nicht anwesend sein und somit kann der fehlende Kontakt die Anonymität der Befragten nochmals untermauern und zu ehrlichen und glaubwürdigen Antworten führen. Weiterhin reduzieren sich die Personalkosten für Anreisen und Terminvereinbarungen. Allerdings relativiert sich dieser Effekt, da nun Kosten für den Druck, die Anschreiben und die Erinnerungsschreiben entstehen. Ein besonders schwerwiegender Nachteil kann aber auch der eben genannte Vorteil sein: Die Befragungssituation ist nicht unter der Kontrolle und dem Einfluss des Forschers. Damit bleibt offen, wer den Fragebogen unter welchen Bedingungen ausgefüllt hat und ob die Antworten dann folglich als repräsentativ eingestuft werden können. Das Problem der Repräsentativität schlägt sich auch in der dritten schriftlichen Befragungsform nieder: in der Online-Befragung. Hier ist bereits die Rekrutierung von Teilnehmern schwierig (und mindert die Repräsentativität), da nicht jede Zielgruppe online erreichbar ist, z. B. ältere Personen. Dennoch eröffnet die Online-Befragung neue Möglichkeiten und Perspektiven, da auf diese Art Personen national wie auch international erreichbar sind. Eine globale Schwäche aller schriftlichen Befragungen liegt in der Schriftsprache und dem individuellen Literalitätslevel des Befragten. Ein Verständnis der Sprache, der Rechtschreibung und der körperlichen Fähigkeit schreiben bzw. einen Computer bedienen zu können, ist zwingende Voraussetzung. Daher scheiden schriftliche Befragungen bei Kindern, Personen mit sehr geringem Bildungsstatus oder anderen krankheitsbedingten psychischen oder ggf. auch körperlichen Einschränkungen aus. Eine mündliche Befragung kann an dieser Stelle Abhilfe schaffen.

Das Face-to-Face-Interview ist besonders bei Fragestellungen effektiv, die noch präziser erschlossen werden müssen oder die eine direkte Kommunikation mit den Befragten notwendig machen. Die Beziehung zu dem Forscher kann zu authentischen und validen Aussagen führen, und prinzipiell kann diese Art der mündlichen Befragung für jede Zielgruppe zum Einsatz kommen. Jedoch gilt es zu berücksichtigen, dass die Befragten in der Lage sein müssen, sich gezielt zu artikulieren. Sie müssen ihre Meinungen zum Ausdruck bringen und reflektiert auf Fragen antworten können. Ob das Face-to-Face-Interview somit auch für kleinere Kinder oder andere Zielgruppen (z. B. Personen mit Beeinträchtigungen im Sprachvermögen oder auch Personen, die unter einer sozialen Phobie leiden) infrage kommt, bleibt zu bezweifeln. Die Methode der schriftlichen Befragung oder der Beobachtung wäre ratsamer. Weiterhin stellen die hohen Personalkosten eines Face-to-Face-Interviews ein Hindernis dar. Telefonische Interviews können diesen Kostenfaktor deutlich reduzieren und zu befragende Personen sind unabhängig von Ort und Zeit erreichbar. Insbesondere bei Meinungs- und Marktforschungsanalysen hat sich dieses Verfahren bewährt. Voraussetzung zur Teilnahme an einer telefonischen Befragung ist in der Regel die Volljährigkeit des Befragten. Probleme können sich durch die Bestimmung eines allgemeingültigen Verzeichnisses aller Telefonnummern ergeben, denn genau ein solches gibt es nicht. Weiterhin ist die Bereitschaft der Befragten, an einer Telefonbefragung teilzunehmen geringer. Die mobile Befragung durch Nutzung von Apps, Tablets u. Ä. stellt daher eine weitere Möglichkeit, um Personen zeitlich flexibler an einer Befragung teilnehmen zu lassen.

Zusammenfassend lässt sich schlussfolgern:

- Die Befragungsform wird bestimmt durch: die Fragestellung, die Ressourcen des Forschers und die Zielgruppe.
- Die Repräsentativität unterscheidet sich nach gewählter Befragungsform.
- Die Vor- und Nachteile unterscheiden sich nach gewählter Befragungsform.
- Sie müssen gute Argumente anführen können, warum Sie sich für eine bestimmte Befragungsform entscheiden!

Aufgaben zur Selbstüberprüfung

AUFGABE 1.1

Vergleichen Sie die unten genannten schriftlichen Befragungsformen und mündlichen Befragungsformen in allen zehn Kombinationsmöglichkeiten bezüglich Ihrer Vor- und Nachteile untereinander (mündlich vs. mündlich; schriftlich vs. schriftlich) sowie miteinander (mündlich vs. schriftlich). Nennen Sie jeweils einen Vor- und Nachteil bei jedem Einzelvergleich.

schriftliche Befragung	mündliche Befragung
persönliche Paper- und Pencil-Befragung	Face-to-Face-Interview
postalische Befragung	Telefon-Befragung
Online-Befragung	

AUFGABE 1.2

Sie möchten erforschen, welche beruflichen Arbeitsaufgaben funktionale Analphabeten besonders belasten. Sie haben bereits viel Theorie und viele konkrete Fragen zu diesem Thema gesammelt, sodass Sie sich für die Methode der Befragung entscheiden. Welche Form der Befragung würden Sie wählen? Begründen Sie Ihre Entscheidung.

AUFGABE 1.3

Welche Befragungsformen kommen Ihrer Meinung nach für

a) Kinder,
b) Jugendliche,
c) Erwachsene und
d) ältere Personen

infrage?

Mögliche Lösungen zu den Aufgaben zur Selbstüberprüfung finden Sie auf den Seiten 144–154.

2 „Gute" Frage? „Gute" Frage und Antwort!

In diesem Kapitel erfahren Sie, wie Fragen formuliert werden können und welche Formulierungsregeln allgemein empfehlenswert sind. Dabei sollen Sie praxisnah eine „gute" Fragenkonstruktion durchführen. Weiterhin werden Ihnen Varianten der Antwortformulierung aufgezeigt. Auch lernen Sie konkrete Regeln der Konstruktion von Testskalen kennen. Sie können die jeweiligen Entwickler den Testskalen zuordnen und trauen sich zu, einzelne Antwortformulierungen und Testskalen eigenverantwortlich anzuwenden.

2.1 Forschungsfrage und Zielsetzung als übergreifender Kompass

Wie Sie bereits im ersten Kapitel erfahren haben, hängt die Fragestellung und das Forschungsziel sehr stark mit der Auswahl von Befragungsformen zusammen. Dieses wirkt sich unmittelbar auch auf die konkrete Formulierung von Fragen und Antworten aus. Wenn Sie ein qualitatives Forschungsziel anstreben und Befragte bewusst über ihre Innenansichten und Meinungen relativ offen befragen möchten, kommen nur Formen der mündlichen Befragung in Betracht, bei denen Befragte ihre Antworten nicht in feste Antwortmuster einfügen müssen. Möchten Sie dagegen eine quantitative Aussage über ein Forschungsthema treffen, bieten sich eher die schriftlichen Befragungsformen an. „Patentrezepte, die für alle Fälle gültig sind" (Kromrey, 2002, S. 67), die als ein festes Regelwerk fungieren könnten, gibt es in der Methodenlehre nicht.

MERKSATZ

Forscher müssen sich stets mit ihrer Forschungsfrage und ihrem Forschungsziel genau befassen und abwägen, welche Methode die Fragestellung am besten repräsentieren kann.

Die Fragestellungen können sich in vielen Facetten unterscheiden: Durch eine mündliche Befragung mittels Leitfaden kann weniger strukturiert oder auch sehr starr auf Basis einer festen Reihenfolge der Fragen bis hin zu vorgegebenen Antwortmöglichkeiten vorgegangen werden. Das kommt ganz darauf an, ob Sie sich als Forscher für neue Meinungen und Problemfelder interessieren oder ob präzise Fragen bereits vorliegen, die geprüft werden müssen. Eine mündliche Befragung kann somit sowohl qualitativ (unstandardisiert bzw. halbstandardisiert) als auch quantitativ (standardisiert) gestaltet werden. Gleiches gilt für eine schriftliche Befragung: Sie können diese ausschließlich mit fest vorgegebenen Frage- und Antwortmöglichkeiten, aber auch nur mit Fragen oder aus einem Mix beider Varianten gestalten. Beide Forschungsziele haben als übergreifenden Kompass jedoch eine Gemeinsamkeit: Die Befragung sollte gut überlegt sein, denn nur auf diesem Wege kann tatsächlich sichergestellt werden, dass sich die Befragten auf die Fragen einlassen, der Forscher erkennen kann, ob die Befragten z. B. ihre Meinungen authentisch kommunizieren und welche Fehlerquellen während der Befragungssituation auftreten.

Forschungsfrage und Zielsetzung bei mündlichen und schriftlichen Befragungsformen

Mündliche oder schriftliche Befragung?

Als grobe Anhaltspunkte für die Auswahl der Befragungsmethode können folgende Faktoren dienen:

- Telefonische Befragungen eignen sich besonders gut für Forschungsfragen, die in einem kurzen Gespräch (max. 20 Minuten) erfasst werden können. Entweder mit vorformulierten Antwortmöglichkeiten oder kurz zu beantwortenden Fragen.
- Persönliche Face-to-Face-Befragungen eignen sich für Forschungsfragen, die eine direkte Kommunikation mit dem Interviewer erfordern und authentische Antworten – z. B. durch konkretes Nachfragen des Interviewers – begünstigen möchten.

Vorformulierte Antwortvorgaben sollten dabei nur eine äußerst geringe Rolle spielen, weil andere Befragungsformen dann kostengünstiger einsetzbar wären.

- Persönliche Paper- und Pencil-Befragungen verlangen präzise Frage- und meist auch Antwortformulierungen. Freie Antworten können kaum allumfassend dargestellt werden.
- Postalische Paper- und Pencil-Befragungen setzen neben präzisen Forschungsfragen auf eine längere Laufzeit als andere Befragungen und möchten eine breite Masse von Personen unpersönlicher erreichen.
- Online-Befragungen eignen sich für präzise formulierte Fragestellungen und werden überwiegend mit vorgegebenen Antworten eingesetzt. Sie können eine nationale als auch internationale Personengruppe ansprechen.

Das Vorgehen bei allen Befragungen setzt voraus, dass die Befragten sich bewusst über ihre Antworteinschätzungen sind oder spontan ein Urteil fällen. Diese Spontanurteile können in persönlichen Face-to-Face-Interviews besonders gut durch einen halbstandardisierten Leitfaden unterstützt werden. Bei standardisierten Befragungen müsste die Person dieses Urteil auf vorgegebene Antwortmöglichkeiten übertragen und sich für eine Antwort entscheiden (vgl. Möhring/Schlütz, 2013, S. 188). Bei allen schriftlichen als auch mündlichen Befragungsformen können erhebliche Probleme auftreten. Die Frage kann beispielsweise falsch verstanden werden oder die Antwortformulierungen repräsentieren nicht die gewünschte Antwort des Befragten. Als übergreifender Kompass jeder Befragung muss daher gelten, dass die Befragungssituation und der Fragebogen so gestaltet werden, dass die Antworten den „wahren" Antworten sehr nahe kommen. Der Formulierung und Positionierung der Fragen kommt dabei zunächst die wichtigste Rolle zu. Egal, welche Person befragt wird, die Fragen sollten allgemeingültig verständlich sein. Gleiches sollte für die Antworten gelten. Sofern Antworten von den Befragten frei generiert werden, sind Antworten anfällig für Verzerrungen. Denn die Antworten werden „häufig erst in der Interviewsituation konstruiert" (Scholl, 2009, S. 212 ff., zitiert nach Möhring/Schlütz, 2013, S. 190). Die Befragten haben oftmals nicht allzu viel Zeit zum Nachdenken und müssen schnell entscheiden, was sie antworten möchten. Auf unbewusster Ebene kann dieses zwar ehrliche und glaubwürdige Aussagen hervorbringen, aber Verzerrungen sind dennoch genauso möglich. Das Gegenteil kann eintreten: Verfälschte Antworten, die durch spontanes Antworten wenig Tiefe und Wahrheit aufzeigen. Bei der Entwicklung eines Fragebogens oder Leitfadens sind daher Regeln zu beachten. Eine intensive Auseinandersetzung mit der Forschungsfrage und der Zielsetzung ist zwingend notwendig. Bereits bei der Planung sollten Sie an die Auswertung denken.

PRAXISBEISPIEL 2.1

Mitarbeiter im Bereich Human Resources eines Konzerns planen eine schriftliche Umfrage zum Thema Zufriedenheit mit den Arbeitsabläufen. Eine Frage im Fragebogen lautet: „Wie schätzen Sie Ihre Zufriedenheit allgemein mit Ihrer Arbeit ein?" 30 Mitarbeiter des Konzerns erhalten den Fragebogen und sollen sich schriftlich ohne Antwortvorgaben äußern. Am Ende der Woche gehen zehn Fragebögen ein. Die forschenden Mitarbeiter sitzen nun vor zehn Antworttexten, vier davon sind nicht verwertbar, da die Handschrift nicht zu lesen ist. Die Antworten sind mehr oder weniger ausführlich, unterschiedliche Aspekte werden genannt und eine Mitarbeiterin fragt letztendlich ihre Kollegen: „Was sollen wir jetzt damit anfangen?"

Bei der Planung ist es daher ratsam, die Art der Fragen festzulegen. Geschlossene oder offene Antwortformate bzw. eine Mischvariante aus beiden Antwortkategorien sind möglich (vgl. Raab-Steiner/Benesch, 2008, S. 47 f.). Dieses stellt den Forscher vor die ersten beiden Grundsatzentscheidungen:

- Wie stelle ich Fragen?
- Welche Antwortvarianten halte ich für sinnvoll?

Mögliche Antworten auf diese Fragen werden wir in den folgenden Kapiteln genauer beleuchten. Ein besonderes Augenmerk werden wir dabei auf „gute" Formulierungen legen.

2.2 Inhaltliche Lehre von der „guten" Frage

Fragen können auf vielfältige Arten formuliert werden. Ob es sich jedoch auch um eine methodisch „gute" Frage handelt, bleibt dabei noch völlig offen. Aufgrund dessen müssen die inhaltlichen methodischen Grundlagen für eine „gute" Frageformulierung den Forschern vorab bewusst sein. Der Forscher muss sich zunächst mit Kriterien für eine „gute" Frageformulierung beschäftigen, bevor er Fragebögen oder Leitfäden erfolgreich entwickeln kann.

MERKSATZ

Fragen stellen ist nicht schwer, „gute" Fragen zu formulieren dagegen sehr!

In den Kapitel 2.2.1 und 2.2.2 werden zunächst Varianten von Frageformulierungen, wie sie bei schriftlichen und mündlichen Befragungsformen zu finden sind, beschrieben. Anhand von Beispielen werden Empfehlungen für „gute" Frageformulierungen anschaulich verdeutlicht und in Kapitel 2.2.3 als wissenschaftliche Checkliste für Forscher zusammengefasst.

2.2.1 Varianten der schriftlichen Frageformulierung

Wie Fragen schriftlich formuliert werden sollen, stellt die erste wichtige Entscheidung für eine schriftliche Befragung dar. Bei der Frageformulierung wird häufig die Antwortformulierung mit einbezogen. Beispielsweise differenziert man in der Literatur zwischen offenen und geschlossenen Fragen. Offene Fragen geben dem Befragten keine Antworten vor, sondern er kann frei antworten. Geschlossene Fragen besitzen vorab formulierte Antworten, aus denen der Befragte seine Antwort auswählen kann (vgl. Kromrey, 2002, S. 365). Die gleichzeitige Betrachtung von Frage und Antwort im Rahmen der Befragung macht durchaus Sinn, denn eine Frage sollte vorab vom Forscher immer mit der zugehörigen Antwort bedacht werden. Sich beispielsweise nur über die Frage Gedanken zu machen, ohne jedoch eine konkrete Idee zu den Antwortmöglichkeiten zu haben, macht bei einer standardisierten Befragung keinen Sinn. Trotz allem ist eine solche Vermischung von Frage- und Antwortformaten für die Differenzierung der theoretischen Grundlagen ungünstig. Aufgrund dessen werden wir die Frageformulierung getrennt von der Antwortformulierung betrachten.

Direkte vs. indirekte Fragen

Fragen können nach der Art der Ansprache des Befragten klassifiziert werden. Während direkte Fragen auf eine persönliche Ansprache setzen, werden Befragte bei indirekten Fragen als Person nicht direkt adressiert, sondern die Frage wird allgemeiner gestellt oder mit einem Beispiel „eingekleidet" (vgl. Kromrey, 2002, S. 369).

PRAXISBEISPIEL 2.2

Fragen, die u. a. mit „Was halten Sie von ...", „Wie schätzen Sie ...ein" oder „Wie lange sind Sie ..." beginnen, sind direkte Fragen. Fragen, die mit „Einige Menschen sind der Auffassung, dass ..." oder „Man sollte ..." beginnen oder mit Beispielen arbeiten wie „Folgende Situation tritt ein. Was passiert im Anschluss?" sind indirekte Fragen.

In Praxisbeispiel 2.2 wird deutlich, dass Fragen nicht immer als Fragen formuliert sein müssen, sondern der Einsatz von Aussagen genauso möglich ist.

Frage vs. Aussage

Die Frage „Halten Sie sich für einen gesundheitsbewussten Menschen?" ist eine direkte Frage. Schriftliche Fragen müssen jedoch nicht zwangsläufig als Frage formuliert werden. In den Humanwissenschaften bedienen wir uns auch gerne der Aussagen. Überführen wir die direkte Frage in die direkte Aussage „Ich halte mich für einen gesundheitsbewussten Menschen", so ist die Aussage genauso gut zu beantworten wie eine gestellte Frage. Weiterhin könnte auch eine Aufforderung im Sinne von „Bewerten Sie Ihr Gesundheitsbewusstsein auf Basis nachfolgender Antwortmöglichkeiten" genutzt werden (vgl. Döring/Bortz, 2016, S. 408). Bei diesen Varianten handelt es sich um direkte Formulierungen. Die grammatische Form der Aussage muss dabei nicht in der ersten Person Singular erfolgen (vgl. Mummendey, 1995, S. 54). Die indirekte Variante „Man sollte das Gesundheitsbewusstsein in unserer Gesellschaft stärken" wäre ebenfalls denkbar. Bei dem Einsatz von direkten Fragen bzw. Aussagen kann es nämlich manchmal zu Schwierigkeiten kommen. Durch indirekte Fragen bzw. Aussagen erhoffen sich Forscher oftmals eine glaubwürdigere Antwort und damit eine höhere Bereitschaft, ehrlich auf z. B. heiklere Fragen zu antworten. Heikle Fragen sind Fragen, bei denen die Antwortrate sehr niedrig ausfällt, weil sie brisante Themen abfragen. In der Literatur werden heikle Fragen oft auch als schwierige Fragen bezeichnet (vgl. Kromrey, 2002, S. 370).

Schwierige Fragen

Schwierige Fragen sind nicht in dem Begriffskontext der Schwierigkeit (eine Frage ist zu schwer zu beantworten, weil man z. B. die Lösung nicht weiß) zu verstehen, sondern in den Begriffskontext heikel einzuordnen. Schwierige Fragen führen zu einer geringeren Antwortbereitschaft, deshalb sind ihr Einsatz und auch ihre Platzierung in einem Fragebogen genau abzuwägen. Schwierige Fragen werden in der Regel erst am Ende eines Fragebogens oder einer Befragung gestellt, um so einen frühzeitigen Abbruch der Befragung oder eine Voreingenommenheit des Befragten gegenüber der weiteren Befragung zu vermeiden.

PRAXISBEISPIEL 2.3

Die Frage „Haben Sie mindestens einmal in Ihrem bisherigen Leben eine Person unter Androhung von Gewalt bestohlen?“ ist eine schwierige Frage.

Die Schwierigkeit einer Frage ist immer an die Gruppe der Befragten gebunden. So kann ein und dieselbe Frage in einem bestimmten Befragtenkreis als heikel und in einem anderen Befragtenkreis als völlig normal bewertet werden.

ÜBUNG 2.1

In einem Fragebogen fragen Sie u. a. nach dem Einkommen, nach dem Sexualverhalten und nach Gewalttaten, die Sie aus Täterperspektive abfragen wollen. Welche Befragtenkreise fallen Ihnen ein, in denen die einzelnen Themen schwierig und in anderen Befragtenkreisen als völlig normal angesehen werden könnten?

TIPP:

Einkommens-, Sexual- und Gewalterfahrungsfragen zählen zu den „Klassikern" der intimen und heiklen Fragen. Stellen Sie sich bei der Zuordnung folgende Fragen: Welche Personenkreise unserer Gesellschaft hätten Ihrer Meinung nach weniger Schwierigkeiten bzw. Bedenken sich zu äußern? Welche Befragtengruppe würde ihr Einkommen ohne Hemmungen nennen? Welche Befragtengruppe würde eher Auskunft über ihr Sexualverhalten geben im Vergleich zu anderen Befragtengruppen? Und welche Personen hätten kaum Probleme über ihre Gewalttaten zu berichten? Wenn Sie diese Fragen beantwortet haben, bedenken Sie bitte noch Folgendes: Können Sie die von Ihnen genannten Befragtengruppen *einheitlich* festlegen? Meinen Sie, dass fast alle Personen dieser Gruppe freizügiger auf diese Fragen antworten? Oder spielen noch andere Faktoren bei dem Antwortverhalten eine Rolle?

Operationalisierung der Fragen

Bezieht man den Begriff Schwierigkeit auf seinen ursprünglichen Kontext zurück, also Fragen tatsächlich nicht richtig verstehen zu können, sind wir bei der wesentlichen Grundlage jedes Messvorgangs angekommen. Human- und sozialwissenschaftliche oder gesundheitswissenschaftliche Fragestellungen unterscheiden sich grundlegend von naturwissenschaftlichen Messvorgängen. So sind beispielsweise die Begriffe in den Disziplinen Psychologie, Soziologie, Public Health oder auch vielen weiteren Disziplinen nicht immer eindeutig bestimmbar und müssen daher vorab von dem Forscher in geeignete Frageformulierungen übersetzt werden. Diese Vorgehensweise nennt man auch Operationalisierung, d. h. Definition und Messbarmachung von zunächst nicht direkt greifbaren und messbaren Begriffen. Diese Übersetzungen müssen sich dann mit dem Verständnis der Befragtengruppe decken.

PRAXISBEISPIEL 2.4

Ein Forscher möchte gerne das persönliche Glücksempfinden erfragen. Er muss den Begriff persönliches Glück zunächst definieren, um überhaupt Fragen stellen zu können. Was ist Glück und auf Basis welcher Faktoren kann man es festmachen? Geld, Partnerschaft, Familie, Arbeitszufriedenheit oder Gesundheit? Erst wenn das persönliche Glück messbar gemacht wird, können die Personen schriftlich darauf antworten. Eine einzelne Frage „Was ist Glück für Sie?“ würde unseren Forscher nicht zufriedenstellen, wenn er eine groß angelegte schriftliche quantitative Fragebogenstudie geplant hat.

Frageformulierungen nach den Kriterien für „gute“ Fragen

Neben einer guten Operationalisierung der Begriffe und Ideen für Fragen, müssen wesentliche Kriterien bei schriftlichen Frageformulierungen eingehalten werden:

1. Die Verständlichkeit der Fragen muss für die Befragtengruppe gesichert sein und damit immer an das Wissen und den Erfahrungshorizont der Befragten angepasst werden. Fremdwörter sollten vermieden werden.

PRAXISBEISPIEL 2.5

Wenn Sie die Aussage formulieren „Das beschriebene Beispiel zeigt meiner Auffassung nach ein hohes Maß an Resilienz“ können viele Befragtenkreise nicht nachvollziehen, was mit dem Begriff Resilienz gemeint ist.

2. Die Fragen müssen kurz und grammatikalisch einfach formuliert werden. Auf doppelte Verneinungen sollte verzichtet werden.

PRAXISBEISPIEL 2.6

Die Aussage „Ich habe noch nie nicht am Wochenende für das Studium gelernt“ ist auf Grundlage der doppelten Verneinung schwieriger zu verstehen als die Aussage „Ich lerne jedes Wochenende für das Studium“.

3. Die Fragen sollten eindeutig formuliert sein und sich nur auf einen Sachverhalt beziehen.

PRAXISBEISPIEL 2.7

Die Aussage „Ich schaffe meistens wenig und nehme mir immer viel zu viel vor“ ist eine doppeldeutige Aussage, weil Befragte diese Fragestellungen auf zwei Ebenen beantworten müssen: 1. „Ich schaffe meistens wenig“ und 2. „Ich nehme mir immer viel zu viel vor“. Es kann sein, dass ich 1. bejahe und 2. verneine.

4. Fragen sollten auf hypothetische Situationen verzichten und mögliche Überforderungen der Befragten vermeiden.

PRAXISBEISPIEL 2.8

Die Frage „Was würden Sie tun, wenn man Ihnen morgen alle Ihre Wünsche erfüllen würde?“ ist äußerst hypothetisch, könnte Befragte kognitiv überfordern und würde die reale Reaktion vermutlich gar nicht identifizieren können.

5. Fragen sollten nicht suggestiv formuliert werden. Sie sollten keine Bewertung enthalten (sondern neutral formuliert sein) und nicht bereits in der Frage bestimmte Antworten als „richtige Antworten“ den Befragten nahelegen.

PRAXISBEISPIEL 2.9

Die Frage „Die meisten Menschen sind sportlich aktiv. Achten Sie auch auf Ihre körperliche Fitness?" legt eine Antworttendenz bereits nahe. Ein Abweichen von den meisten Menschen geht mit einer Außenseiterrolle des Befragten einher. Sich als körperlich unfit zu outen, ist bei dieser Formulierung schwierig.

Frageformulierungen nach Fragebogenposition

Fragen können nach ihrer Platzierung und Reihenfolge in einem Fragebogen differenziert werden:

- Einleitungsfragen bringen den Befragten zunächst dem Thema etwas näher, sollen Interesse wecken und nicht allzu schwer zu beantworten sein. Deshalb werden diese Fragen auch gerne Eisbrecherfragen genannt.
- Übergangsfragen, auch Pufferfragen genannt, führen innerhalb eines Fragebogens neue Themen ein, lockern die Atmosphäre zwischen einzelnen Themenblöcken auf und sind ebenfalls einfach zu beantworten.
- Filterfragen treffen eine Auswahl unter den Befragten und filtern aufgrund bestimmter Fragen Gruppen von Personen heraus, die dann weitere Fragen zu dem gestellten Thema beantworten müssen.
- Folgefragen befassen sich dagegen mit der Erforschung einzelner Aspekte aus vorangegangenen Antworten.
- In Schlussfragen werden oft demografische Daten abgefragt oder es können abschließend schwierige Fragen gestellt werden.

PRAXISBEISPIEL 2.10

Eine Filterfrage ist: „Sind Sie Absolvent der Gesundheitswissenschaften?" „Wenn ja, dann gehen Sie zum Fragenkomplex 1.2 weiter. Wenn nein, dann gehen Sie zum Fragenkomplex 2."
Eine Folgefrage ist: „Sind Sie Absolvent der Gesundheitswissenschaften?" „Wenn ja, warum haben Sie sich für dieses Studium entschieden?"

Filter- und Folgefragen lassen sich nicht immer eindeutig voneinander abgrenzen und können im Rahmen eines Fragebogens auch ineinander übergehen.

MERKSATZ

Die beschriebenen Frageformulierungen (u. a. schwierige Fragen oder Einleitungs- und Folgefragen) und Richtlinien für eine „gute" Frageformulierung gelten nicht ausschließlich für schriftliche Fragen, sondern können genauso auch in einem Interviewleitfaden eingesetzt werden.

Der Forscher muss bei schriftlichen wie auch mündlichen Befragungsarten vorab sehr viel Zeit investieren und sich mit den methodologischen und inhaltlichen Grundlagen vertraut machen. Aus Sicht der Befragten ist die schriftliche Befragung deutlich aufwendiger als eine mündliche Befragung. Dafür eignet sie sich aber sehr gut für klar abgrenzbare Forschungsfragen. Zudem kann sie anonymer umgesetzt werden (vgl. Hussy et al., 2013, S. 235).

LESEHINWEIS

Einen zusammenfassenden Überblick über die schriftliche Befragung und ihre Fragevarianten sowie Formulierungsrichtlinien finden Sie in dem Kapitel *Fragetypen und Fragetechniken* in dem Buch *Die Befragung* von Scholl (2015) auf den Seiten 156–160.

2.2.2 Varianten der mündlichen Frageformulierung

Mündliche Frageformulierungen unterscheiden sich von schriftlichen Frageformulierungen nur dann, wenn keine komplette Standardisierung vorliegt. In diesen Fällen müssen die Fragen offen formuliert und die Befragten zu freien Erzählungen angeregt werden.

Da in diesem Methodenhandbuch eine standardisierte bzw. halbstandardisierte Definition der Befragungsformen vertreten wird (vgl. Kapitel 1.2), sind erzählungsgenerierende Fragen nur geringfügig Gegenstand der weiteren Betrachtung. Die Varianten der mündlichen und schriftlichen Frageformulierungen gleichen sich. Der Forscher kann sowohl direkte als auch indirekte Fragen einsetzen, Fragen als explizite Fragen oder als Aussagen formulieren und sollte sicherstellen, dass die Fragen gut operationalisiert sind und der Befragte die Fragen auf Basis seines Hintergrundwissens verstehen und einordnen kann. Auch sollten die Befragten die Fragen in einer vergleichbaren Weise verstehen – unabhängig von beispielsweise ihrem Geschlecht, ihrem Bildungsstand oder ihrem kulturellen Hintergrund. Folglich gelten auch die Kriterien für eine „gute" Frageformulierung für beide Befragungsformen (vgl. Kapitel 2.2.1). Trotz allem können durch den direkten Kontakt, auf dem mündliche Befragungsformen basieren, weitere wichtige Aspekte der Frageformulierung hinzugefügt werden.

Frageformulierungen und ihre Besonderheiten in mündlichen Befragungen

Während eines persönlichen Face-to-Face-Interviews oder einer Telefon-Befragung zeigt sich das Sprachniveau der befragten Person. An dieser Stelle können situativ geeignete Anpassungen vorgenommen werden, indem der Interviewer die Fragen verständlicher ausdrückt oder spontan nachfragt. Letzteres ist natürlich erst in halbstandardisierten Designs erlaubt. Der Interviewer kann dann gezielt auf Unklarheiten eingehen.

PRAXISBEISPIEL 2.11

Eine übliche Frageformulierung zur Klärung von eventuellen Missverständnissen ist: „Habe ich Sie richtig verstanden, dass ...?"

Der Interviewer kann auf diese Weise die bisherigen Antworten des Befragten zusammenfassen und in seinen eigenen Worten wiedergeben. Diese Vorgehensweise nennt man auch Paraphrasierung. Idealerweise antwortet der Befragte in dem oben angegebenen Beispiel dann nicht einfach mit „ja" oder „nein", sondern beschreibt ggf. weiterführende Korrekturen oder Erklärungen seiner Antworten zur Verbesserung des Verständnisses. Somit kann eine solche Frage auch eine erneute kurze Erzählung des

Befragten generieren. Erzählungsgenerierende Fragen sind Fragen, die meistens zu Beginn eines Interviews stehen.

PRAXISBEISPIEL 2.12

Bei der Anwendung eines Leitfadens ist die erste Frage in einem halbstandardisierten Interview immer eine erzählungsgenerierende Frage. Die Aufforderung zur Erzählung könnte folgendermaßen formuliert sein: „Sie sind bereits seit fünf Jahren bei der Polizei als Psychologin tätig. Wie kam es dazu, dass Sie sich für dieses Arbeitsfeld entschieden haben?“

Im Anschluss an diese Erzählphase können ggf. weitere Aufrechterhaltungsfragen gestellt werden. Aufrechterhaltungsfragen sind Fragen, die die Erzählung vertiefen oder weiterführen sollen. „Sie sind weitgehend inhaltsleer“ (Lamnek, 2010, S. 363).

PRAXISBEISPIEL 2.13

Die Frage: „Können Sie dieses noch näher ausführen?“ ist eine Aufrechterhaltungsfrage.

Abschließend gibt es dann noch die klassischen Fragen des Leitfadens, die in der Literatur auch gerne Steuerungsfragen genannt werden. Steuerungsfragen sind Fragen, die auf wesentliche Fragestellungen zurückkommen sollen oder neue Fragethemen einführen (vgl. Lamnek, 2010, S. 363).

Die beschriebenen Frageformulierungen eignen sich besonders gut für halbstandardisierte Face-to-Face-Interviews. Bei dem Face-to-Face-Interview ergibt sich jedoch das unmittelbare Problem der reaktiven Effekte. Die befragte Person deutet (oft unbewusst) jede Reaktion des Interviewers. Deshalb ist es bei einer standardisierten Befragung auf Basis fester Frageformulierung und vorgegebener Antwortkategorien möglich, dass der Befragte aufgrund der Anwesenheit des Interviewers nicht ehrlich antwortet. Dieses Phänomen kann in der Körpersprache des Interviewers begründet sein oder aufgrund sozialer Erwünschtheitseffekte auftreten. Sozial erwünscht bedeutet in diesem Kontext, dass die Befragten erahnen, welche allgemeine Meinung der Interviewer hören möchte oder wie sie antworten sollten, um dem Interviewer zu gefallen (vgl. Döring/ Bortz, 2016, S. 437 ff.). Telefon-Befragungen umgehen dieses Problem zwar nicht komplett, können durch die anonymisierte Form den Effekt aber etwas reduzieren. Sie setzen aber sehr kurze Fragen voraus, da der Befragte die Fragen nur auditiv verarbeiten kann. Der Befragte kann nicht, wie es bei einer schriftlichen Befragung möglich wäre, die Fragen mehrmals durchlesen und so sein Verständnis der Frage absichern (vgl. Hussy et al., 2013, S. 75 ff.). Bei einem persönlichen Face-to-Face-Interview kann man nachfragen und die Frage von dem Interviewer wiederholen lassen. Bei Telefon-Befragungen ist anzunehmen, dass diese Möglichkeit durch die anonymisierte Beziehung weniger in Anspruch genommen wird.

ÜBUNG 2.2

Stellen Sie sich vor, dass Sie die Frage: „Warum haben Sie sich für diesen Beruf entschieden?" einmal im persönlichen Face-to-Face-Interview und einmal via Telefon gestellt bekommen. Wie würde sich die Befragungssituation und Frageformulierung auf Ihre Antworten auswirken?

TIPP:

Überlegen Sie bei dieser Übung, ob die Befragungssituation für die Frageformulierung geeignet ist. Was macht die Situation mit Ihnen persönlich? Würden Sie sich am Telefon anders äußern als bei einem Face-to-Face-Interview? Würden Sie die Antworten umfangreicher oder kürzer darstellen? Würden Sie bei dem Interviewer nachfragen und ihn in Ihre Antworten einbeziehen? Welche Formulierung für den beschriebenen Sachverhalt (Entscheidung für den Beruf) würden Sie für eine Telefon- und eine Face-to-Face-Befragung empfehlen?

Frageformulierung nach den Kriterien für „gute" Fragen

Wie bereits bei den schriftlichen Frageformulierungen deutlich wurde, gelten die Kriterien für „gute" Fragen auch für mündliche Frageformulierungen. Denn die Kriterien sind nicht ausschließlich für schriftliche Fragen reserviert. Ob die Fragen mündlich oder schriftlich gestellt und beantwortet werden, ist vollkommen unerheblich. In beiden Fällen müssen die inhaltlichen und methodologischen Grundlagen eingehalten werden.

Zusammenfassend bedeutet dieses für mündliche Frageformulierungen:

- Sie müssen verständlich für die Befragten sein.
- Sie müssen eindeutig sein und nur eine Fragestellung abfragen, d. h. es dürfen sich nicht zwei Fragestellungen in einer Frage verbergen.
- Sie sollten möglichst kurz sein.
- Sie sollten grammatikalisch einfach sein und auf doppelte Verneinungen verzichten.
- Suggestivfragen sollten vermieden werden.

Dennoch gibt es bestimmte Bausteine, die im Rahmen der mündlichen Befragung besonders beachtet werden sollten:

1. Die Einstiegfragen müssen so formuliert sein, dass sie das Interesse des Befragten erregen und dieser gerne bereit ist, über sich zu erzählen.
2. Fragen sollten möglichst motivierend gestellt werden.
3. Der Platzierung der Fragen in einem Interview kommt eine wichtigere Bedeutung zu als es bei einer schriftlichen Befragung der Fall ist. Die Reihenfolge der Fragen kann sich unmittelbar auf die persönliche Beziehung zwischen Befragten und Forscher auswirken und ggf. das gesamte Interview gefährden.
4. Heikle bzw. schwierige Fragen sollten erst gegen Ende der Befragung eingesetzt werden, um die persönliche Beziehung nicht zu beeinträchtigen. Diese sollten dann besonders empathisch formuliert werden.
5. Die Schlussfragen müssen so formuliert sein, dass man mit einfachen Fragen in einer guten Atmosphäre das Gespräch beenden kann. Dieses gilt auch, wenn zuvor heikle Themen angesprochen wurden. Gerade in diesem Fall ist ein empathischer Abschluss besonders wichtig.

LESEHINWEIS

Einen zusammenfassenden Überblick über die mündliche Befragung und ihre Fragevarianten sowie Formulierungsrichtlinien finden Sie im Buch von Döring und Bortz (2016): *Forschungsmethoden und Evaluation* im Unterkapitel *Qualitative Fragebogenmethode* auf den Seiten 401–405.

2.2.3 Kriterien für eine „gute" Frageformulierung

Wie in den Kapiteln 2.2.1 und 2.2.2 bereits deutlich wurde, müssen diverse Kriterien bei der Frageformulierung beachtet werden. Diese Kriterien sind wichtig, um die Befragung möglichst frei von Fehlern zu halten. Denn die Fragen stellen immer den Einstieg in die Befragung dar und wirken sich automatisch auf das Antwortverhalten der befragten Personen aus.

Zusammenfassend sollte folgende Checkliste für die Frageformulierung (vgl. Tabelle 2.1) bei schriftlichen als auch mündlichen Befragungen vom Forscher durchgegangen und die einzelnen Fragen „gut" beantwortet werden.

Tabelle 2.1: Checkliste für eine „gute" Frageformulierung

Selbst-Check des Forschers		Antwort/abzuleitende Maßnahmen
Sind die Fragen für die Befragtengruppe verständlich formuliert?	ja	✔
	nein	Wenn nein, dann müssen die Fragen an den Wissensstand und Erfahrungshorizont der Zielgruppe angepasst werden. Auf Fremdwörter und seltene Begriffe sollte generell verzichtet werden.
Sind die Fragen zu unkonkret bzw. zu allgemein formuliert?	nein	✔
	ja	Wenn ja, dann müssen die Fragen noch weiter präzisiert werden. Zu abstrakte Begriffe sind zu vermeiden, weil sie kaum zur Differenzierung eines Inhalts beitragen können.
Sind die Fragen eindeutig formuliert, d. h. beziehen sie sich auf einen Sachverhalt?	ja	✔
	nein	Wenn nein, dann müssen so viele Fragen formuliert werden, wie es Sachverhalte gibt.
Sind die Fragen grammatikalisch einfach formuliert?	ja	✔
	nein	Wenn nein, dann sollte sprachlich vereinfacht werden und z. B. auf doppelte Verneinungen und Schachtelsätze verzichtet werden.
Sind die Fragen kurz formuliert, d. h. besitzen sie weniger als 20 Wörter?	ja	✔
	nein	Wenn nein, dann die Frage kürzen oder abwägen, ob der Inhalt so wichtig ist, dass er genauso abgefragt werden muss.
Sind die Fragen mit Wörtern wie „alle", „niemals" oder „keine" formuliert?	nein	✔
	ja	Wenn ja, dann diese Wörter möglichst vermeiden, weil durch sie kaum eine Differenzierung möglich ist.
Sind die Fragen so formuliert, dass sie Befragte überfordern könnten?	nein	✔
	ja	Wenn ja, dann die Fragen mit hypothetischen Inhalten, Zukunftsfragen und Fragen, die ein gutes Erinnerungsvermögen voraussetzen, möglichst gering halten.
Sind die Fragen neutral formuliert?	ja	✔
	nein	Wenn nein, dann die Fragen mit suggestiven Tendenzen rausnehmen oder umformulieren.

Bei mündlichen Befragungsformen kommt zu der „guten“ Frageformulierung noch die Art hinzu, wie Fragen dann im Verlauf des Gespräches tatsächlich gestellt werden. Der Interviewer muss u. a. eine angenehme Gesprächsatmosphäre aufbauen, geeignete Nachfragen zu angemessenen Zeitpunkten stellen, Inhalte zusammenfassen und Missverständnisse aufklären können.

ÜBUNG 2.3

Bewerten Sie folgende Aussage aus einem schriftlichen Fragebogen nach den Kriterien für eine „gute“ Frageformulierung: „Es mangelt Europa an ausreichendem Gesundheitsbewusstsein, weil keine Maßnahmen zur Sensibilisierung und Verbesserung von den verantwortungstragenden Personen und der Bevölkerung getroffen wurden.“ Wie schätzen Sie die Formulierung ein?

TIPP:

Gehen Sie bei dieser Übung alle Kriterien für eine „gute“ Frageformulierung der Reihe nach in der Checkliste durch. Notieren Sie sich, welche Kriterien in der Formulierung erfüllt und nicht erfüllt sind. Geben Sie eine gute Begründung an, warum ein Kriterium zutreffend oder nicht zutreffend ist und welche Verbesserungsvorschläge Sie haben. Zukünftig müssen Sie solche Bewertungen eigenverantwortlich vornehmen und wissenschaftliche Fragebögen hinterfragen können. Gute Argumente und Verbesserungsvorschläge sind für Ihre Kritik dabei unentbehrlich.

2.3 Inhaltliche Lehre von der „guten“ Antwort

Eine „gute“ Frageformulierung ist nichts wert, wenn nicht auch die zugehörige Antwort einer angemessenen Formulierung entspricht. Fragen und Antworten hängen unmittelbar zusammen und aufgrund dessen müssen ebenso die Antwortvorgaben bei standardisierten schriftlichen und mündlichen Befragungen bestimmten Kriterien entsprechen. „Das liegt daran, dass die Befragten aus den Vorgaben auf die Bedeutung der Frage schließen und sie als Informationsquelle für ‚übliches‘ Verhalten nutzen, an dem sie ihr Verhalten messen“ (Möhring/Schlütz, 2013, S. 191).

MERKSATZ

Eine „gute“ Frage ist ohne eine „gute“ Antwort(vorgabe) nichts wert!

Antwortformulierungen nach den Richtlinien für „gute“ Antworten

1. Die Antwortvorgaben müssen erschöpfend sein, d. h. die Anzahl und Art der Antworten entsprechen dem ganzen Spektrum möglicher Antworten.

PRAXISBEISPIEL 2.14

Wenn Sie auf die Frage „Wie alt sind Sie?“ die Antwortvorgaben „unter 18“, „zwischen 18 und 35“, „zwischen 36 und 50“ und „zwischen 51 und 70“ formulieren, ist die Zielgruppe „über 70“ in der Antwort nicht ausdifferenziert. Sofern diese Zielgruppe für Ihre Befragung aber relevant ist, handelt sich bei den Antwortvorgaben um keine vollkommen erschöpften Vorgaben.

2. Die Antwortvorgaben müssen sich gegenseitig ausschließen, d. h. sie grenzen sich voneinander ab.

PRAXISBEISPIEL 2.15

Wenn Sie auf die Frage „Wie alt sind Sie?“ die Antwortvorgaben „unter 18“, „zwischen 18 und 35“, „zwischen 35 und 50“, „zwischen 50 und 70“ und „über 70“ formulieren, schließen sich die letzten vier Antworten nicht gegenseitig aus, weil z. B. das Alter 35 in zwei verschiedenen Antwortvorgaben vertreten ist. Welche davon soll man ankreuzen? Beide treffen zu.

3. Die Antwortvorgaben müssen eindeutig sein, d. h. die Befragten müssen alle Antwortvorgaben in gleicher Weise interpretieren und verstehen können.

PRAXISBEISPIEL 2.16

Wenn Sie auf die Frage „Wie schätzen Sie Ihre allgemeine Fitness ein?" die Antwortvorgaben „perfekt", „nahezu perfekt", „fast perfekt", „teils-teils", „kaum ausgebaut", „fast ausgebaut" und „keine Fitness vorhanden" formulieren, ist die vorgegebene Skala nicht eindeutig. Es wird ein unterschiedliches Sprachrepertoire zugrunde gelegt. „Perfekt" und „ausgebaut" beziehen sich auf unterschiedliche Begriffswelten (denn unter Ausbau könnte man auch ein Muskeltraining verstehen), die Worte „kaum" und „fast" sowie „nahezu" sind zudem austauschbar. Auf diese Begriffe sollte verzichtet werden, weil sie sehr unpräzise sind. Stattdessen sind folgende Antwortkategorien präziser: „gar nicht fit", „kaum fit", „mittelmäßig fit", „ziemlich fit", „außerordentlich fit".

4. Die Antwortvorgaben müssen die Frage gut abbilden können und realistisch für die Befragten sein.

PRAXISBEISPIEL 2.17

Wenn Sie die Frage „Wie alt sind Sie?" mit einer offenen Antwort versehen („Bitte geben Sie Ihr Alter in Jahren an"), benötigen Sie keine Festlegungen in Kategoriebereichen. Damit ersparen Sie sich eine künstliche Festlegung der Bereiche, da Sie nicht überlegen müssen, welche Altersbereiche zusammenpassen könnten. Eine offene Antwort passt an dieser Stelle somit besser zur Frageformulierung.

5. Die Antworten sollten nicht für alle Befragten gleich oder komplett anders zu beantworten sein. Dieses ist durch Pretests zu prüfen.

PRAXISBEISPIEL 2.18

Wenn Sie die Frage „Wie schätzen Sie Ihre körperliche Fitness ein?" mit den Antwortvorgaben „sehr gut", „gut", „befriedigend", „ausreichend", „mangelhaft" und „ungenügend" formulieren und alle befragten Personen „ausreichend" ankreuzen, sind diese Antwortvorgaben für die befragte Zielgruppe nicht passend.

6. Die Antworten müssen in der Anzahl der negativen und positiven Vorgaben übereinstimmen.

PRAXISBEISPIEL 2.19

Wenn Sie die Frage „Halten Sie sich für einen glücklichen Menschen?" mit „ja, auf jeden Fall", „teils-teils", „eher nicht" und „nein, auf keinen Fall" formulieren, dann existiert nur eine Antwort im sehr positiven Bereich und zwei im negativen Bereich. Die Antworten sind dann nicht gleichgewichtet ausdifferenziert.

ÜBUNG 2.4

Bewerten Sie zu folgender Frage „Was machen Sie überwiegend in Ihrer Freizeit?" die Antwortvorgaben „Ich entspanne mich", „Ich treffe mich mit Freunden", „Ich nutze Unterhaltungsmedien" und „Ich bin für mich alleine" nach den Kriterien für eine „gute" Antwortformulierung.

TIPP:

Gehen Sie bei dieser Übung alle Kriterien für eine „gute" Antwortformulierung durch. Notieren Sie sich, welche Kriterien in der Formulierung erfüllt sind oder nicht. Geben Sie eine gute Begründung an, warum ein Kriterium zutreffend oder nicht zutreffend ist und welche Verbesserungsvorschläge Sie haben. Zukünftig müssen Sie solche Bewertungen eigenverantwortlich vornehmen und wissenschaftliche Fragen inklusive ihrer Antworten hinterfragen können.

„Gute“ Antwortformulierungen orientieren sich an „guten“ Frageformulierungen. Antwortformulierungen kommen prinzipiell immer nur dann in Betracht, wenn es sich um standardisierte Befragungen handelt. Offene Antworten bieten sich zwar auch an manchen Stellen bei standardisierten Befragungen als eine Technik für spontanes Antwortverhalten an (z. B. Alter in Jahren oder Kategorie „Sonstiges“), jedoch sind die Kriterien für eine „gute“ Antwortformulierung auf geschlossene Vorgaben angewiesen. Aufgrund dessen wird in Kapitel 2.3.1 schwerpunktmäßig auf Varianten der schriftlichen standardisierten Antwortformulierung eingegangen. Diese Antwortformulierungen können im standardisierten Vorgehen auf mündliche Befragungsformen übertragen werden.

2.3.1 Varianten der schriftlichen Antwortformulierung

Bei schriftlichen Befragungen können drei grundlegende Varianten in der Antwortformulierung unterschieden werden:

- offene Antworten
- geschlossene Antworten
- Antworten, die aus einem Mix von offen und geschlossen vorgegeben werden

Offene Antworten vs. geschlossene Antworten

Offene Antworten lassen den Befragten freien Platz, um eigenständig die Antworten zu formulieren.

PRAXISBEISPIEL 2.20

Wenn Sie zu der Frage „Welche Verbesserungsvorschläge haben Sie für die Gestaltung Ihrer beruflichen Arbeitsaufgaben?“ die Antwort frei lassen (und z. B. mit ____________ kennzeichnen), handelt es sich um eine offene Antwort.

Offene Antworten unterscheiden sich nochmals in den Varianten

- Es ist ein Text komplett frei zu schreiben.
- Es sollen dabei bestimmte Vorgaben beachtet werden, z. B. eine bestimmte Anzahl: „Nennen Sie fünf Eigenschaften“.

- Vorgabe einer Lücke (vgl. Praxisbeispiel 2.20)

Die Zielgruppe muss bei der Anwendung offener Antworten jedoch zwingend beachtet werden, denn Personen mit motorischen Einschränkungen, ältere Personen oder Personen mit geringem Wortschatz könnten Probleme bei der Beantwortung haben. Ein weiteres Problem bei offenen Antworten stellt die spätere Auswertung der Daten dar. Zudem bleiben offene Antwortmöglichkeiten oft unbeantwortet, was sicherlich auf die motivationale Komponente zurückzuführen ist. „Zum Großteil sind Personen eher bereit, vorgefertigte Kategorien zu beantworten, als selbst zu verbalisieren und sich Gedanken zu machen" (Raab-Steiner/Benesch, 2008, S. 40). Geschlossene Antworten machen deshalb einen hohen Anteil in einem schriftlichen Fragebogen aus.

PRAXISBEISPIEL 2.21

Wenn Sie zu der Frage „Wie häufig kontaktieren Sie Lehrende per E-Mail, wenn Sie Fragen zur Prüfung haben?" die Antwortvorgaben „nie", „selten", „oft" und „immer" verwenden, handelt es sich um eine geschlossene Antwort.

Das oben angegebene Praxisbeispiel stellt gleichzeitig auch ein Beispiel für die Auswahl *einer* Antwortmöglichkeit dar. Dieses nennt man auch Single-Choice-Antwort.

Denkbar sind auch Antworten, die sowohl offene als auch geschlossene Antwortvarianten einer Antwort vermischen. Außerdem können Antwortvorgaben als Mehrfachantworten gestaltet sein. Sofern mehrere Antworten zum Ankreuzen möglich sind, nennt man diese auch Multiple-Choice-Antworten.

PRAXISBEISPIEL 2.22

Wenn Sie zu der Frage „Was tun Sie gerne am Wochenende?" u. a. die Multiple-Choice-Antwortvorgaben „Ich schlafe aus" und „Ich unternehme etwas mit Freunden/Bekannten" sowie zusätzlich die Variante „Anderes: ______" formulieren, handelt es sich um einen Mix beider Varianten.

Insbesondere eignet sich ein Mix der Antwortvarianten immer dann, wenn der Forscher unsicher ist, ob er alle relevanten Antwortvorgaben für die Gruppe der Befragten erschöpfend formuliert hat. Auf diese Weise ermöglicht er sich selbst eine Überprüfung seiner Antwortvorgaben. Da in schriftlichen Befragungen geschlossene Antworten sehr häufig zum Einsatz kommen, werden im Folgenden weitere Varianten der geschlossenen Antworten schwerpunktmäßig differenziert.

Skalierung von Antworten

Die Antwortvorgaben können als einfachste Variante bezogen auf die Abstufung der Antworten mit nur zwei sich ausschließenden Kategorien formuliert werden. Die Befragten entscheiden sich für eine Antwort. Eine solche Antwortvariante nennt man auch dichotome Antwort. Eine dichotome Antwortformulierung besteht aus nur zwei Antwortmöglichkeiten.

PRAXISBEISPIEL 2.23

Wenn Sie die Frage „Schauen Sie täglich Nachrichten im TV?" mit der Antwort „ja" und „nein" formulieren, ist die Antwortvorgabe dichotom.

Problematisch bei einer dichotomen Antwort können die begrenzten Auswahlmöglichkeiten und damit auch die begrenzte Aussagekraft der Antwortergebnisse sein. Mehrere Differenzierungen in Antworten zu ermöglichen, geht oft mit einer Steigerung der inhaltlichen Ergebnisaussagen einher. Zusätzlich können Statistiken dann aussagekräftigere Ergebnisse liefern (vgl. Döring/Bortz, 2016, S. 105). Wenn ein Forscher seine Antwortvorgaben kritisch betrachtet und überarbeitet, dann kann er mehr Differenzierung durch mehr als zwei Antwortvorgaben erreichen, aus denen man eine auswählen kann. Beispielsweise könnten Sie bei Fragen zur Schulbildung die klassischen Schulabschlüsse auflisten. Der Befragte kreuzt dann eine Antwort oder ggf. auch mehr als eine Antwort an. Schulabschlüsse, Religionszugehörigkeit, Familienstände und Migrationshintergrund sind klassische Themen, die, nachdem sie in eine Frage gefasst wurden, nominalskalierte Antworten besitzen. Eine Sonderform der nominalskalierten Antwortvorgabe ist die dichotome Antwort, z. B. Angabe des Geschlechts. Eine Nominalskala ist eine Antwortvariante, die nur aus Kategorien besteht, die wiederum nicht in Konkurrenz zueinander stehen und nicht direkt miteinander verglichen werden können.

PRAXISBEISPIEL 2.24

Wenn Sie die Antworten „Studium Psychologie“, „Studium Gesundheitsökonomie“ und „Studium Pflegemanagement“ angeben, liefern die Antworten der Befragten keine Hinweise darauf, dass das Studium der Psychologie besser sei als ein anderes Studium. Alle Kategorien sind gleichwertig und die Befragten teilen sich in eine Kategorie ein. Die Antwortvorgaben sind nominalskaliert.

Die statistischen Auswertungsmöglichkeiten sind aufgrund der geringen Differenzierungsfähigkeit bei nominalskalierten Antworten geringer als bei anderen Skalierungen. Daher werden in schriftlichen Fragebögen gerne Ordinalskalen eingesetzt. Eine Ordinalskala ist eine Rangskala, die zwar auch Kategorien beinhaltet, aber zusätzlich eine Rangfolge enthält. Eine Ordinalskala kann sprichwörtlich immer einen „Sieger“ und einen „Verlierer“ identifizieren und inhaltliche Abstufungen zwischen den Kategorien im Sinne „mehr“ bzw. „weniger“ bzw. „weniger/stärker“ bzw. „schwächer“ vornehmen. Wertende Antwortvorgaben (etwa „Sieger“ und „Verlierer“) sollten natürlich in der direkten schriftlichen Formulierung vermieden werden.

PRAXISBEISPIEL 2.25

Die Antwortvorgaben zu einer beliebigen Frage lauten: „sehr gut“, „gut“, „befriedigend“, „ausreichend“, „mangelhaft“ und „ungenügend“. Die dahinterstehenden Noten sind ordinalskaliert, weil ein „sehr gut“ besser ist als „gut“, „gut“ besser als „befriedigend“ usw.

ÜBUNG 2.5

Handelt es sich bei den folgenden Antwortmöglichkeiten „stimme voll und ganz zu", „stimme eher zu", „stimme eher nicht zu" und „stimme überhaupt nicht zu" um eine Nominalskala oder eine Ordinalskala? Begründen Sie Ihre Antwort.

TIPP:

Überlegen Sie bei dieser Übung inhaltlich, ob es sich um, sich gegenseitig ausschließende Kategorien mit oder ohne Rangfolge handelt. Übertragen Sie den „Sieger" und den „Verlierer" auf den Inhalt. Gibt es Kategorien, die inhaltlich mehr wert sind als andere Kategorien?

Sobald von einer Ordinalskala ausgegangen werden kann, ist das kleinere Niveau der Nominalskala ebenfalls in den Antwortvorgaben enthalten. Jedoch hat die Differenzierung zugenommen, sodass in diesem Fall dann nur noch der Begriff Ordinalskala Anwendung findet. Ein noch höheres Skalenniveau besitzt die Intervallskala. Die Intervallskala unterstellt eine numerische Bedeutsamkeit der Differenzen zwischen den Rängen, d. h. nicht nur die Reihenfolge der Antworten ist bekannt, sondern auch die Differenz kann, um wie viel „besser" oder „schlechter", inhaltlich identifiziert werden.

PRAXISBEISPIEL 2.26

Wenn Sie statt der Einschätzung nach Schulnoten in einer Antwort nach konkreten Punkten fragen würden, hätten Sie eine Intervallskala vorliegen. Denn in diesem Fall kann man differenzieren, um wie viel besser die Differenz, z. B. zwischen den Punktzahlen 11 und 4, ausfällt. Die Aussage „eine Person mit einer 4 hat eine Frage mit 3 Noten schlechter als eine Person mit der Note 1 bewertet" stimmt nicht: Denn was konkret unter Note 4 fällt und wie groß die Abstände inhaltlich zwischen den Kategorien 1 und 4 sind, kann bei einer Ordinalskala nicht festgestellt werden.

Ein noch höheres Skalenniveau würde die Verhältnisskala beinhalten. Diese würde von einem natürlichen absoluten Nullpunkt ausgehen. Beispielsweise ist das Körpergewicht eine Verhältnisskala, weil der Nullpunkt physikalisch festgelegt ist. Auch die Reaktionszeit einer Person besitzt einen Nullpunkt. Da Intervall- und auch Verhältnisskalen aber relativ selten in Fragebögen formuliert werden, stellt die Ordinalskala oftmals die höchste Skalierungsvariante dar. Ein geläufiger Begriff für die Ordinalskala ist im Rahmen von Fragebögen und Testverfahren auch der Begriff Ratingskala. Ratingskalen können mit unterschiedlichen Bezeichnungen der Antwortvorgaben ausgestattet werden. Diese Bezeichnungen unterteilt man grob in verbale Marken, numerische Marken und symbolische Marken. Während verbale Marken Antwortvorgaben sprachlich ausschreiben, verwenden numerische Marken Zahlen. Symbolische Marken kommen häufig bei Kindern und Jugendlichen zum Einsatz, weil die Bedeutung der jeweiligen Antwortkategorie – z. B. mit Smileys – symbolisiert wird.

PRAXISBEISPIEL 2.27

- Die Antwortvorgaben „stimme voll und ganz zu", „stimme eher zu", „stimme eher nicht zu" und „stimme gar nicht zu" sind verbal markiert.
- Die Antwortvorgaben „1", „2", „3" und „4" sind numerisch und die Antwortvorgaben „♥", „♥♥", „♥♥♥" und „♥♥♥♥" symbolisch markiert.

Verbale und numerische Antwortbezeichnungen können auch durchaus gemischt Anwendung finden. Der Vorteil dieser Variante ist, dass die Befragten eindeutige Hinweise bekommen, was sprachlich unter den numerischen Marken„1", „2", „3" usw. verstanden wird. Eine weitere Möglichkeit zur Antwortvorgabe stellt eine grafische Markierung dar, das heißt, die Personen schätzen z. B. auf einer Strichskala ihr Antwortkreuz ein (z. B. Ankreuzen auf einer Linie von 0———100). Diese Variante der Antwortformulierung setzt jedoch eine hohe Differenzierungsfähigkeit der Befragten voraus.

Ratingskalen werden nicht nur nach ihrer Markierung, sondern zusätzlich auch nach der Richtung der Markierung unterschieden. Antwortvorgaben können einen festen Nullpunkt voraussetzen und orientieren sich dann in nur eine Richtung (positiv oder negativ). Eine solche Ratingskala wird in diesem Fall auch als **unipolar** bezeichnet. Orientiert sich die Skala jedoch in beide Richtungen (positiv und negativ) wird sie **bipolar** genannt.

PRAXISBEISPIEL 2.28

Bei den Antwortvorgaben „angespannt –1 –2 –3 0 +1 +2 +3 entspannt" handelt es sich um eine bipolare Ratingskala. Deutlich werden zwei Pole.

Anzahl der Antwortvorgaben

Ratingskalen sollten nicht zu wenige, aber auch nicht zu viele Antwortvorgaben beinhalten. Allgemein geht man davon aus, dass bis zu sieben Antwortvorgaben für eine erwachsene befragte Person gut zu differenzieren sind. In diesem Fall können Unterschiede zwischen Kategorien noch nachvollzogen werden. Wenn Sie sich selbst dagegen auf einer Skala von 1–100 einschätzen müssen, dann sind die feineren Differenzierungen kaum noch zu unterscheiden.

MERKSATZ

Bis zu sieben Antworteinheiten kann das menschliche Gehirn gut differenzieren und erinnern.

Wählt man jedoch eine gerade Zahl an Antwortvorgaben, können schnell Skalen entstehen, die keine neutrale Mitte besitzen, z. B. „teils-teils" oder „0". Bei ungeraden Antwortvorgaben wäre diese Mitte Bestandteil der Antwortvorgabe. Es ist eine inhaltliche und methodische Entscheidung, die Sie an dieser Stelle genau abwägen müssen. Wenn es inhaltlich wichtig ist, dass Befragte eine neutrale Mitte ankreuzen können, weil z. B. die Mitte tatsächlich so in der Befragtengruppe existieren könnte, entscheiden Sie sich dafür. Sie möchten den Befragten vielleicht aber auch die Möglichkeit einräumen, keine eindeutige Entscheidung treffen zu müssen. Problematisch bei dieser Antwort ist jedoch die spätere Auswertung. Wie möchten Sie die neutrale Antwort bewerten? Ist diese Antwort tatsächlich eine mittlere Ausprägung oder ist es einfach eine „Nicht-Entscheidung" der Befragten? Befragte „verwenden diese neutrale Kategorie nicht nur als Ausdruck einer mittleren Position der Position zwischen zwei Polen, sondern auch für unpassende Items oder zur Antwortverweigerung" (Raab-Steiner/Benesch, 2008, S. 55).

MERKSATZ

Mittlere Antwortvorgaben, die oftmals durch eine Anzahl von ungeraden Antwortvorgaben entstehen, müssen vom Forscher inhaltlich begründet werden.

Die Varianten der Antwortformulierungen wurden in diesem Kapitel ausschließlich „geschlossen" beschrieben, da nur durch diese Variante eindeutige Regeln definiert sind. Manche der bereits behandelten Ratingskalen finden weitere Anwendung als Testskalen und besitzen eine bestimmte Struktur, wenn sie zum Einsatz kommen. Auf diese Strukturen werden wir in Kapitel 2.3.2 näher eingehen.

LESEHINWEIS

Einen zusammenfassenden Überblick über Skalenniveaus, Ratingskalen und ihre Antwortvarianten finden Sie im Buch von Döring und Bortz (2016): *Forschungsmethoden und Evaluation* im Unterkapitel *Messung der vier Skalenniveaus* auf den Seiten 232–257.

2.3.2 Varianten von Testskalen

Finden schriftliche Befragungen im Rahmen einer standardisierten Testsituation statt, wird ein Fragebogen häufig auch Test genannt. Dieses erscheint zunächst nur als ein marginaler sprachlicher Unterschied, jedoch geht eine Testsituation immer mit Besonderheiten einher. Die Skalen eines Tests müssen nach testtheoretischen Gütekriterien entsprechend akzeptable Werte aufweisen, um sicherstellen zu können, dass Antworten von Personen gut eingeschätzt werden. Testfragen und Testantworten unterliegen damit den Richtlinien für eine „gute" Frage- und Antwortformulierung. Beispielsweise müssen die Fragen und Antworten nicht nur verständlich für die Zielgruppe sein, sondern gleichzeitig auch tatsächlich das abfragen, was der Forscher beabsichtigt zu fragen. Die Fragen und Antworten müssen somit valide sein. Die Validität von Fragen stellt damit eines der wichtigsten Gütekriterien dar, um gewährleisten zu können, dass z. B. in einem Depressionstest Depression und nicht Aggression gemessen wird. Weiterhin müssen die Fragen und Antworten reliabel sein, das heißt, sie müssen z. B. Depression möglichst genau und zuverlässig messen. Bei Testwiederholungen und auch beim Vergleich von Fragen innerhalb des Tests sollte bei den gleichen oder ähnlichen Fragen ein ähnliches Antwortverhalten festgestellt werden. Nur auf diese Weise ist gewährleistet, dass möglichst stabile Aussagen (ggf. über die Zeit hinweg) getätigt werden können.

Natürlich sollte auch ein Fragebogen – außerhalb der Testsituation – möglichst genau das messen, was er beabsichtigt zu messen. Das bedeutet, dass sich ein Fragebogen durchaus an diesen Kriterien orientieren sollte. Jedoch geht der Test immer darüber hinaus: Ein Test will Personen auf Basis einer *repräsentativen Vergleichsgruppe* einschätzen und bewerten. Deshalb muss er sich über mehrere Zeitpunkte hinweg bewährt haben und das gemessene Verhalten oder die Einstellungen und Meinungen einer befragten Person möglichst realistisch abbilden. Die Einhaltung und Prüfung der Gütekriterien sind verpflichtend. Beim Fragebogen gilt die Devise: Wenn Gütekriterien berechnet werden, wird die Arbeit des Forschers honoriert und sichert ihm mehr Anerkennung in der wissenschaftlichen Gemeinschaft. Wenn er nur Teilaspekte berechnet und nachlässiger ist, dann muss er evtl. mit negativer Methodenkritik umgehen. Da aber sein Fragebogen nicht beansprucht, für eine große Gruppe von Personen als psychologisches Diagnostikinstrument eingesetzt zu werden, kann der Forscher gelassener sein. Während wir eine detailliertere Definition und Differenzierung dieser Kriterien in den Kapiteln 3.4.1 und 3.4.2 durchführen, werden wir uns im Folgenden mit den Grundlagen der Skalen im Rahmen eines Tests auseinandersetzen. Wie Sie bereits erfahren haben, wird der Begriff Skala allgemein für Antworten verwendet, die unterschiedliche Abstufungen vornehmen. Der Begriff kann aber auch für ein gesamtes Set von Fragen und Antworten stehen.

PRAXISBEISPIEL 2.29

Nehmen wir an, Sie haben zehn Fragen und Antworten formuliert, die Symptome von Depression messen sollen. Man spricht in diesem Fall dann auch von der Skala Depression. Fragen davon wiederrum mehrere Fragen ein Symptom ab (z. B. negative Gedanken oder Lustlosigkeit), hätten wir auch eine Skala des Symptoms an sich.

In der Regel werden die Antworten mit einer Ratingskala umgesetzt. Entweder schätzen sich die Befragten selbst ein oder bewerten andere Personen bzw. Objekte (vgl. Hussy et al., 2013, S. 77). Diese Ratingskalen finden dann Anwendung in einem größeren Kontext: den Testskalen. Unter einer Testskala wird ein komplettes methodisches Vorgehen verstanden. Die Testskalen geben Aspekte der Entwicklung und der Anzahl von Fragen und Antworten sowie die Schritte der Auswertung fest vor. Benannt sind diese Testskalen häufig nach ihren Entwicklern, u. a. die Likert-Skala und die Thurstone-Skala.

Likert-Skala

Diese Skala wurde im Jahr 1932 von Rensis Likert entwickelt und stellt die einfachste und geläufigste Testskala dar. Zu Beginn der Untersuchung werden mindestens 100 Aussagen über die Forschungsfragestellung formuliert. Jede Frage besitzt als schriftliche Antwortvariante eine Ratingskala. Die Ratingskalen besitzen immer dieselbe Anzahl an Antwortmöglichkeiten und eine verbale bzw. numerische Markierung. In der Originalversion der Likert-Skala werden fünf Antwortabstufungen vorgenommen, d. h. eine Mitte ist explizit enthalten. Mittlerweile gibt es aber bereits viele weitere Varianten, die als Likert-Skala benannt werden könnten, z. B. mit vier oder sieben Antwortvorgaben (vgl. Borg/Staufenbiel, 2007, S. 21). Gehen wir von der Originalversion aus, wird jeder Antwortvorgabe ein Wert zugeordnet. In der Regel steht „1" für die kleinste und „5" für die höchste Ausprägung. Im Anschluss daran finden umfangreiche Prüfungen der testtheoretischen Kriterien auf Basis von repräsentativen Stichproben statt. Aussagen, die nicht geeignet sind, werden entweder umformuliert oder ganz aus dem Test entfernt. Erst dann können die verbliebenen Aussagen als Test Anwendung finden. Meistens entscheidet man sich für 20–30 Aussagen im endgültigen Test (vgl. Mayer,

2008, S. 30). Nachdem getestete Personen ihre Einschätzungen abgegeben haben, wird die Summe aller Werte als Gesamttestwert bestimmt.

PRAXISBEISPIEL 2.30

Sie haben 100 Aussagen zum Thema Depression formuliert. Sie haben zu diesen Aussagen folgende Ratingskala zugeordnet:

- ☐ „eindeutig zutreffend (1)"
- ☐ „zutreffend (2)"
- ☐ „weder zutreffend noch unzutreffend (3)"
- ☐ „nicht zutreffend (4)"
- ☐ „eindeutig nicht zutreffend (5)"

Zu jeder Antwortkategorie wird der kleinste und höchste Wert numerisch festgelegt. Bitte beachten Sie, dass sich Aussagen nicht zwangsläufig mit der intuitiven Rangfolge der vergebenen Zahlen 1–5 decken müssen.

„Ich fühle mich oft einsam."
„Ich lerne gerne fremde Menschen kennen."

Die 1 steht in der oberen Aussage für einen geringen Wert; in der zweiten Aussage für den höchsten Wert. Eine der beiden Ratingskalen muss vor der Auswertung deshalb umgepolt werden. Anschließend kann die Summe der angekreuzten Zahlen als Gesamttestwert einer Person berechnet werden.

Statt der Summe kann auch der Mittelwert aller Antwortwerte berechnet werden. Man teilt dann den Gesamttestwert durch die Summe aller verwendeten Aussagen. Nehmen wir an, eine Person hat bei allen summierten Antworten einen Wert von 60 erreicht. 20 Fragen lagen vor. Der Testwert der Person kann dann 60, aber auch der Mittelwert 60/30= 3 sein. Die Summe als auch der Mittelwert setzen jedoch Folgendes voraus: Sowohl die Ratingskalen als auch der Gesamttestwert (geteilt durch 20) werden als intervallskalierte Werte angesehen. Ein solches Vorgehen ist nicht unumstritten, kommt aber sehr häufig in der Wissenschaft vor. Deshalb ist es wichtig, das eigene Vorgehen stets für die Öffentlichkeit zu begründen.

MERKSATZ

In der Wissenschaft ist es üblich, Ordinalskalen als Intervallskalen anzusehen, da inhaltlich und methodisch nur geringfügige Abweichungen zwischen beiden bestehen.

Thurstone-Skala

Auch die Thurstone-Skala – benannt nach Louis Leon Thurstone und Ernest John Chave (1929) – verfolgt das Ziel, eine Sammlung von möglichst vielen Aussagen (ideal sind 100) zu erstellen. Die Aussagen sind dichotom und mit „ja“ oder „nein“ zu beantworten. Das Besondere an dem methodischen Vorgehen ist, dass nicht die Befragten, sondern fachliche Experten die Aussagen einschätzen. Bevor die Aussagen der zugedachten Zielgruppe vorgelegt werden, werden alle Aussagen von einem Expertenkreis (den der Forscher selbst festzulegen hat) auf einer 11-stufigen Ratingskala bewertet. Der Bewertungsmaßstab richtet sich nicht persönlich an die Experten (d. h. ob sie persönlich der Aussage zustimmen oder sie ablehnen), sondern repräsentiert die Theorie zu dem zu messenden Inhalt/Merkmal (vgl. Kühne, 2013, S. 33). Jeder Experte soll auf der Ratingskala einschätzen, wie sehr die Bejahung einer Aussage für die Theorie des zu messenden Inhalts/Merkmals steht (1 = sehr geringe Ausprägung des Inhalts, 11 = sehr hohe Ausprägung des Inhalts). Im Anschluss berechnet man den Median oder Mittelwert für eine Aussage aller Experten. Dieser Mittelwert steht dann für den Wert einer Skala, d. h. einer Aussage. Aus den 100 Aussagen werden Aussagen gewählt, die das gesamte theoretische Spektrum abbilden, also von 1–11 und von den Experten möglichst übereinstimmend bewertet wurden. Die Aussagen werden dann der zu befragenden Zielgruppe vorgelegt, wobei diese dann keine Ratingskala, sondern die ursprüngliche dichotome Antwortvorgaben beantworten müssen. Die Werte der Experten für die Skala werden jedoch zugrunde gelegt. Der Gesamttestwert einer Person ist der Mittelwert oder der Median aller bejahter Aussagen.

PRAXISBEISPIEL 2.31

Sie treffen 100 Aussagen zu dem Thema Arbeitszufriedenheit mit den Antwortvorgaben „ja" und „nein".

1. „Meine Arbeitsaufgaben überfordern mich." (–3.00)
2. „Ich fühle mich bei meiner Arbeit wie zu Hause." (+4.5)

Jede Aussage wird einer Expertengruppe aus Psychologen, Soziologen und Ärzten vorgelegt. Diese schätzen ein, ob die Aussagen für „die Arbeitsunzufriedenheit ist extrem hoch"(= Skalenwert –5), „die Arbeitszufriedenheit ist normal" (= Skalenwert 0) oder „die Arbeitszufriedenheit ist extrem hoch" (Skalenwert = 5) steht. Feinere Abstufungen auf der 11-stufigen Ratingskala sind enthalten, werden aber in diesem Beispiel nicht weiter differenziert. Die Skala kann zudem auch von 1 bis 11 laufen anstatt von –5 bis +5. Für jede Aussage wird der Mittelwert der Experteneinstufungen gebildet. Zum Beispiel (–3.00) für Aussage 1 und (+4.5) für Aussage 2. Die Aussagen werden dann von 100 auf wenige Aussagen reduziert und den Befragten vorgelegt. Wenn eine Person nur der ersten Aussage zustimmen würde, hätte sie einen Gesamttestwert von –3.00. Stimmt eine Person beiden Aussagen zu, dann hätte sie einen Gesamttestwert von 0.75 ([[–3]+[4,5]]/2).

ÜBUNG 2.6

Wenden Sie die Thurstone-Skala an: Formulieren Sie zehn Aussagen zum Thema Gesundheitsbewusstsein. Suchen Sie sich, neben Ihnen, noch zwei weitere Personen als Experten. Schätzen Sie jeweils auf der Ratingskala ein, wie sehr die Aussagen Ihrer Meinung nach bei einer Bejahung für schlechtes bis sehr gutes Gesundheitsbewusstsein stehen. Berechnen Sie die Skalenwerte und reflektieren Sie Ihr Vorgehen.

TIPP:

Bei dieser Übung müssen Sie nicht auf die Suche nach ausgewiesenen Fachexperten gehen. Es reicht aus, wenn die Experten sich etwas in dem Themengebiet auskennen. Ein Beispiel zur Thurstone-Skalierung finden Sie in dem Buch von Döring und Bortz (2016) in der Box im Unterkapitel *Thurstone Skala* auf Seite 275. Reflektieren Sie das methodische Vorgehen dahingehend, an welchen Stellen der Thurstone-Skala Fehler entstehen können, die schwierig zu kontrollieren sind. Reflektieren Sie auch, nach welchen Kriterien die Befragten später ihre Gesamttestwerte erhalten.

Rasch-Skala und Guttman-Skala

Weitere häufig genutzte Testskalen stellen die Rasch-Skala und die Guttmann-Skala dar. Beiden gemeinsam ist, dass sie eindeutige Konstruktionsvorschriften für Aussagen und ihre anschließende Auswertung treffen. Die Guttman-Skala setzt ein bestimmtes Antwortverhalten bei den Personen voraus. Befragte, die beispielweise in einem Leistungstest schwierige Fragen lösen können, sollten auch einfache Fragen gelöst haben. Eine solche Antwortstruktur ist wichtig, damit nur Aussagen bzw. Fragen in einem Test verwendet werden, die Personen später eindeutig voneinander abgrenzen können. Jemand, der z. B. in einem Persönlichkeitsfragebogen mit aufeinander aufbauenden Aussagen (die immer komplexer werden) die höchste Stufe der Aussage bejaht, aber die einfachste Stufe verneint hat, besitzt kein einheitliches Antwortverhalten. Die Guttman-Skala stellt damit fest, wie gut Fragen noch einem einheitlichen Antwortverhalten entsprechen, das für weitere Testverfahren genutzt werden kann.

PRAXISBEISPIEL 2.32

Stellen wir uns einen fiktiven Persönlichkeitstest vor, in dem folgende vier Aussagen zu finden sind:

Aussage 1: „Ich meide die Gegenwart anderer Menschen – sowohl Fremde als auch Bekannte."

Aussage 2: „Ich fühle mich nur in Gegenwart mir bekannter Menschen wohl."

Aussage 3: „Fremde Personen müssen mich ansprechen. Wenn Sie dies aber tun, genieße ich den neuen Kontakt."

Aussage 4: „Ich spreche gerne fremde Personen an und möchte mehr über sie erfahren."

Nehmen wir an, eine Person bejaht die letzte Antwort, verneint aber Aussage 1. Dann handelt es sich um ein fragwürdiges Antwortmuster. Auf Fremde gerne zuzugehen, gleichzeitig aber die Anwesenheit Fremder abzulehnen, schließt sich aus. Zumindest ist der Test mit seinen Aussagen in diesem Fall nicht stimmig.

Bei der Rasch-Skala geht man noch einen Schritt weiter und berechnet die Wahrscheinlichkeit für die Lösung einer Frage. Diese Lösung hängt ausschließlich von der Fähigkeit einer Person und der Schwierigkeit der Aufgabe ab. Die Rasch-Skala stellt eine probabilistische Alternative zur klassischen Testtheorie dar und unterliegt strengen mathematischen Voraussetzungen.

LESEHINWEIS

Einen detaillierten Einblick in die Guttman-Skala sowie weitere Skalierungsmethoden finden Sie im Buch von Döring und Bortz (2016): *Forschungsmethoden und Evaluation* im Kapitel *Messung mit psychometrischen Skalen und Skalenbildung* auf den Seiten 269–277. Die Rasch-Skala sowie das Konzept der probabilistischen und klassischen Testtheorie wird im Unterkapitel *Testtheorie* auf den Seiten 461–492 umfangreich beschrieben.

Bei dem Einsatz von Testskalen kommen vielfältige Fehlerquellen vor. Neben den bereits bearbeiteten Formulierungsrichtlinien für Fragen und Antworten, können noch speziellere Fehler in Zusammenhang mit der Antwortskala auftreten. Eine Auswahl der Fehler soll daher zusammenfassend – in Anlehnung an Döring und Bortz (2016, S. 252 ff.) – dargestellt werden.

2.3.3 Mögliche Fehlerquellen

Tendenz zur Mitte

Sobald Antwortvorgaben für eine neutrale bzw. mittlere Kategorie angeboten werden, besteht die Gefahr, dass die Befragten diese Kategorie wählen, weil sie sich nicht in extremeren Antworten positionieren möchten. Bei einer mittleren Kategorie macht ein Befragter (vermeintlich) kaum Fehler, weicht nicht von anderen Personen ab und muss das Antwortspektrum nicht genauer bedenken. Diese Motive können ihn daher zum Ankreuzen der Mitte verleiten.

MERKSATZ

Wenn Sie eine Mitte vorgeben wollen (also eine ungerade Anzahl an Antwortvorgaben anlegen), sollten Sie dies inhaltlich zumindest gut begründen. Um die Tendenz zur Mitte zu vermeiden, sollte darauf möglichst verzichtet werden.

Die Vorgabe einer Mitte kann in manchen Fragebögen durchaus sinnvoll sein. Beispielsweise kann eine Mitte in Testverfahren und Fragebögen für die Norm bzw. für einen Vergleichsmaßstab stehen. Personen sind dann aufgefordert, sich im Vergleich zu anderen Menschen einzuschätzen. Es bleibt aber die Gefahr bestehen, dass die Befragten sich innerhalb dieser Norm beurteilen und zögern, die Randbereiche der Skala anzukreuzen, die für eine starke negative oder positive Abweichung stehen könnte.

Einheitliches Antwortverhalten von Befragten

Entscheidet man sich für eine Skala, die eine Mitte enthält, so kann daraus ein einheitliches Antwortverhalten resultieren, da die Befragten häufig zur Mitte tendieren. Ein einheitliches Antwortverhalten wird meistens durch einheitliche Antwortkategorien bedingt, d. h. die Fragen unterscheiden sich zwar, aber die Antwortmöglichkeiten sind z. B. in ihren numerischen und verbalen Marken gleich. Auch die Anzahl der Antwortkategorien ist gleich. Insbesondere Testskalen besitzen gewöhnlich ein einheitliches Antwortformat. Dieses Antwortformat kann dazu führen, dass Befragte das Antwortverhalten im gesamten Test einfach einheitlich übernehmen, z. B. verwenden sie bei nahezu allen Antworten den Wert 4. Die Differenzierung der Antworten ist somit stark gefährdet.

MERKSATZ

Um einheitliche Antworten im Rahmen einer Testskala zu vermeiden, sollten die Skalen von ihren Ausprägungen mal in die eine Richtung (positiv) und mal in die andere Richtung (negativ) formuliert werden. Dadurch ist der Befragte gezwungen, die Fragen und Antworten genauer zu lesen.

PRAXISBEISPIEL 2.33

Nehmen wir an, Sie untersuchen das Thema Burnout im Beruf auf Basis einer Likert-Testskala. Folgende Items wären denkbar:

1. „Ich fühle mich beruflich erschöpft."
2. „Ich lehne neue Arbeitsaufgaben ab, wenn ich zu viel zu tun habe."
3. „Ich fühle mich meinen beruflichen Belastungen gewachsen."
4. „Ich gehe allen Arbeitsaufgaben nach, unabhängig davon, wie viele es sind."

Die Items 1 und 3 sowie 2 und 4 fragen inhaltlich identische Informationen ab. Dennoch muss die befragte Person umdenken, indem sie ihre Antworten auf der Skala umkehrt. Ein einheitliches Antwortverhalten wird so besser kontrolliert. In einem Test mit vielen Fragen sollten die positiven und negativen Formulierungen ein und desselben Inhalts zusätzlich breiter gemischt werden. Das gelingt, wenn zwischenzeitlich noch andere unähnliche Informationen zum Thema Burnout abgefragt werden.

Halo-Effekt

Der Halo-Effekt ist eine kognitive Verzerrung und tritt besonders häufig bei Fremdeinschätzungen auf. Die Beurteilung einer Person in einer ersten Aussage kann dann einen Ausstrahlungseffekt auf die Beantwortung aller folgenden Aussagen haben. Wenn eine Person einmal als „schlecht" oder als „gut" beurteilt wird, können ihr in den Folgefragen weitere „schlechte" oder „gute" Eigenschaften zugeschrieben werden, ohne dass die Aussagen tatsächlich zuvor reflektiert wurden. Und ohne eine objektive Basis für diese Annahme zu besitzen.

MERKSATZ

Der Halo-Effekt kann reduziert werden, indem der Forscher sich selbst ausdrücklich an diesen Effekt erinnert oder anderes Personal, das die Fremdbeurteilung durchführt, auf diesen Effekt hinweist und die Unterschiede in den Aussagen betont.

Neben diesen Fehlerquellen haben wir bereits die soziale Erwünschtheit bearbeitet und daran anschließend die Ja-Sage-Tendenz (vgl. Kapitel 2.2.2).

LESEHINWEIS

Einen detaillierten Einblick in die soziale Erwünschtheit sowie die Ja-Sage-Tendenz finden Sie in den Kapiteln *Fragebogen und Sprache* sowie *Antworttendenzen in Fragebogen: Das Problem der Sozialen Erwünschtheit* im Buch von Mummendey (1995): *Die Fragebogen-Methode* auf den Seiten 143–170.

Zusammenfassung

Fragen und Antworten können vielfältig formuliert werden. Den Frageformulierungen (z. B. Frage vs. Aussage), den Varianten der Antworten (z. B. offen vs. geschlossen) und auch der Platzierung der Fragen in einem Fragebogen bzw. Leitfaden (z. B. Eisbrecher- oder Folgefragen) kommen wichtige Bedeutungen zu. Alle Elemente beeinflussen sich gegenseitig und können – bei einem nicht sachgemäßen Vorgehen – zu Fehlern führen. Um „gute" Fragebögen und Leitfäden zu konstruieren, bedarf es der Einhaltung von vielen methodischen Kriterien. Eine Frage und Antwort zu formulieren ohne diese z. B. auf Angemessenheit für die Zielgruppe zu prüfen und mögliche Fehler zu diskutieren, ist fahrlässig. Insbesondere Tests sind darauf angewiesen, dass in der Testsituation tatsächlich auch das gemessen wird, was der Forscher beabsichtigt zu messen. Die Aussagen und Antworten müssen daher bestimmten Minimalanforderungen genügen. Die Fragen sollten nicht nur gut operationalisiert und eindeutig sein, sondern auch eine gute Differenzierung der Antworten zulassen. Wenn alle oder keine Personen eine Antwort ankreuzen, obwohl diese Antwort Ihrer Meinung nach wichtig für die Zielgruppe ist, haben Sie bei der Fragebogenkonstruktion einen Fehler begangen. Sie müssten in einem solchem Fall die Antwortvorgaben nochmals überdenken.

Auch sollten Befragte, die in dem Gesamttestwert einen hohen Wert erzielt haben, Aussagen inhaltlich sinnvoll beantworten. Beispielsweise sollten Personen mit einem insgesamt hohen Gesundheitsbewusstsein die Aussage „Ich achte auf eine gesunde Ernährung" bejahen. Wenn sie die Aussage verneinen, dann passt inhaltlich entweder das Item nicht zu dem gemessenen Gesundheitsbewusstsein oder die Zielgruppe versteht die Aussage falsch. Um solche und andere Fehler aufzudecken, ist ein Pretest empfehlenswert. Die Fragebögen und Leitfäden sollten vorab mehrmals an ausgewählten Personen geprüft werden, bevor sie als Grundlage für die reale Forschungssituation genutzt werden.

> *„Es mag mit den vielfältigen psychologischen Problemen dieses Forschungsinstrumentes zusammenhängen, dass der Fragebogen bislang Gegenstand hunderter einzelner empirischer Forschungsarbeiten gewesen ist.“* (Mummendey, 1995, S. 13)

Aufgaben zur Selbstüberprüfung

AUFGABE 2.1

Formulieren Sie fünf schriftliche Fragen, die Ihrer Meinung nach Gesundheitsbewusstsein erfragen. Beachten Sie dabei die Kriterien für eine „gute" Frage- und Antwortformulierung.

AUFGABE 2.2

Nennen Sie Gründe, warum folgende Aussagevorgaben nicht akzeptabel sind:
„80 % der Menschen sind zufrieden mit ihrem Beruf. Ich auch."
„Ich arbeite entweder am Wochenende oder unter der Woche."
„Wenn ich eine Person beim Lästern über mich erwischen würde, würde ich die Person mit ihrem Verhalten konfrontieren."

AUFGABE 2.3

Was versteht man unter einer Ratingskala und welche Varianten von Ratingskalen gibt es?

AUFGABE 2.4

Entwickeln Sie eine Likert-Skala zum Thema Zufriedenheit mit dem Studium mit zehn Aussagen. Geben Sie zusätzlich an, welche Entwicklungsschritte noch wichtig wären, um tatsächlich von einer Likert-Skala sprechen zu können.

Mögliche Lösungen zu den Aufgaben zur Selbstüberprüfung finden Sie auf den Seiten 144–154.

3 Konstruktion eines Fragebogens

In diesem Kapitel erfahren Sie, wie ein Fragebogen aufgebaut sein sollte. Dabei werden grundlegende Fragen der Reihenfolge diskutiert, wie beispielsweise: An welcher Stelle eines Fragebogens fragt man nach soziodemografischen Daten oder nach sehr heiklen Themen? Des Weiteren wird das Vorgehen bei einem Pretest beschrieben. Aber auch „gute" Anschreiben zu formulieren, stellt eine grundlegende Kompetenz dar. Nach dem Bearbeiten dieses Kapitels können Sie die Vor- und Nachteile der Platzierung von unterschiedlichen Fragen in einem Fragebogen nachvollziehen, können „schlechte" Fragen auf Basis von Pretests identifizieren, kennen das gängige Layout und wissen, wie man „gute" Anschreiben im Rahmen von postalischen Befragungen oder Telefon-Befragungen formuliert.

3.1 Aufbau und Umfang

Die Konstruktion eines Fragebogens – die Entwicklung von der anfänglichen bis zur finalen Version – erfolgt in mehreren Schritten. Zunächst wird der Forscher seine Fragestellung gut recherchieren, mögliche Unterthemen definieren und sich überlegen, wie er die Fragen und Antworten geeignet formulieren kann (vgl. Kapitel 2). Die reaktiven Effekte dieser Methode bedingen die methodische und inhaltliche Herausforderung, der sich der Forscher stets stellen muss.

Im Anschluss daran legt der Forscher die Reihenfolge der Fragen fest. Durch den Einsatz eines gut aufgebauten Fragebogens können viele Fehlerquellen vorab kontrolliert werden. Neben der Formulierung der Fragen und Antworten stellt dieses Vorgehen „das Herzstück der Befragung" (Möhring/Schlütz, 2013, S. 190) dar.

Kriterien für den Aufbau eines Fragebogens

Neben den Kriterien für eine „gute" Frage- und Antwortformulierung existieren grobe Regeln für den Aufbau eines Fragebogens. Grob, weil sich die Kriterien immer an den Inhalten und an der Zielgruppe orientieren müssen.

1. Die Einleitung in den Fragebogen sollte motivierend gestaltet werden.

PRAXISBEISPIEL 3.1

Stellen Sie sich vor, Sie sind aufgefordert, einen Fragebogen auszufüllen, der aus einer Seite mit einem langen Einleitungstext und 13 Seiten Fragentext besteht. Würden Sie diese formale Gestaltung (unabhängig vom Inhalt) nicht auch als abschreckend und demotivierend einstufen?

Ein Einleitungstext sollte immer so kurz wie möglich gehalten werden, aber gleichzeitig auch alle wichtigen Informationen für den Befragten enthalten.

Dazu gehören:

- die Angabe des Forschers und seiner Institution
- eine knappe Erläuterung der Ziele der Studie
- eine knappe Erklärung, warum die befragte Person und ihre Antworten für den Forscher von großer Bedeutung sind
- die Bitte, möglichst alle Fragen zu beantworten
- die Zusicherung der Anonymität und eine Angabe zur Weiterverwendung der Daten
- ein außerordentlicher Dank für die Bearbeitung des Fragebogens

Durch den Dank und die Betonung der Notwendigkeit jeder einzelnen Antwort wird der Befragte persönlich angesprochen, was sich positiv auf die Motivation des Befragten auswirken kann: Vermutet eine befragte Person einen positiven Effekt durch die Abgabe ihrer Antworten, wird ihre Motivation deutlich größer ausfallen; sie wird mehr Zeit in die Bearbeitung investieren (vgl. Raab-Steiner/Benesch, 2008, S. 49 ff.). Während viele der genannten Aspekte noch in Kapitel 3.2 behandelt werden, stellt die Instruktion an dieser Stelle bereits eine sehr wichtige Grundlage für den Aufbau eines „guten" Fragebogens dar.

2. Die Instruktionen müssen individuell für die Zielgruppe überlegt und formuliert werden.

Unter Instruktionen werden die Hinweise zur Bearbeitung der Fragen verstanden, die dem Befragten erklären, wie er z. B. mit Antwortvorgaben umzugehen hat. Die schriftliche Instruktion ersetzt den persönlichen Kontakt zum Forscher.

PRAXISBEISPIEL 3.2

Beispiel für eine einleitende Instruktion (Eulenberger/Sackmann, 2013, S. 45)

Hinweise zum Ausfüllen des Fragebogens

Bei den meisten Fragen sind die Antwortmöglichkeiten bereits vorgegeben. Kreuzen Sie bitte jeweils eine Antwort an, die zutrifft oder Ihrer Meinung am besten entspricht.

In einigen Fällen ist es möglich, mehrere zutreffende Antworten anzukreuzen. Diese Fragen enthalten dann einen entsprechenden Hinweis.

Bei manchen Fragen bitten wir Sie, eine entsprechende Antwort selbst einzusetzen. Bitte schreiben Sie diese in Druckbuchstaben. Bitte machen Sie an keiner Stelle namentliche Angaben über Dritte.

Bei wenigen Fragen weisen wir Sie je nach Antwort, die Sie wählen, zu einer anderen Frage weiter. Folgen Sie in diesen Fällen bitte diesem Symbol ☞ zur nächsten Frage.

Wir danken Ihnen für Ihre Mitarbeit.

Abb. 3.1: Fragebogeninstruktion

Eine Variante können direkte Instruktionshinweise vor den jeweiligen Fragen sein. Sie eignen sich beispielsweise bei der Erläuterung von Folgefragen: „Wenn Sie nein angekreuzt haben, gehen Sie bitte zu Frage XY“. Die Berücksichtigung der Zielgruppe ist dabei absolut notwendig, denn ob z. B. Kinder oder Erwachsene den Fragebogen ausfüllen sollen, stellt einen wesentlichen Unterschied dar. Zum Beispiel können Kinder durch die Verwendung von Symbolen und Grafiken in den Instruktionen, aber auch in den Antwortvorgaben, unterstützt werden. Bei Erwachsenen sind dagegen mehr Instruktionshinweise und generell auch mehr und schwierigere Frage- und Antwortvarianten möglich.

3. Die Fragen sollten so aufgebaut werden, dass der Befragte die Beantwortung als interessant erlebt.

Insbesondere am Anfang eines Fragebogens sollten möglichst anregende Fragen gestellt werden, die in das Thema einleiten und als Eisbrecherfragen bezeichnet werden. Demografische Fragen gehören nicht dazu. Sie würden den Befragten eher im Unklaren über die Fragestellung lassen (vgl. Mayer, 2008, S. 96).

PRAXISBEISPIEL 3.3

Ein Fragebogen, der etwas über Gewalttaten unter Jugendlichen aus Täterperspektive herausfinden möchte, könnte zunächst Fragen zu anderen Themen stellen, z. B. zu den allgemeinen Freizeitaktivitäten, zum Freundeskreis oder – spezifischer in Bezug zur Fragestellung – zur Gewaltdarstellung in aktuellen TV-Serien.

Fragen, die sehr persönlich oder heikel sind, sind zu Beginn eines Fragebogens zu vermeiden.

4. Die Fragen sollten in inhaltliche Themenblöcke eingeteilt werden.

PRAXISBEISPIEL 3.4

Wenn Sie in einem Fragebogen mal zu Ihrem Lernverhalten während des Studiums befragt werden, dann mal über Ihre Zufriedenheit mit dem Studium und dann wieder zu Ihrem Lernverhalten während des Studiums, würden Sie keinen strukturierten roten Faden des Fragebogens erkennen. Wahrscheinlich würde es Sie sogar sehr irritieren, denn Sie müssten sich abwechselnd in die jeweiligen Themenbereiche hineindenken.

Fragen sollten möglichst inhaltlich gruppiert werden, um den Befragten die Beantwortung der Fragen zu erleichtern. Eine Ausnahme stellen dagegen Testfragen dar: In einem Test werden inhaltlich ähnliche Fragen oft abwechselnd in unterschiedlichen Themenbereichen positioniert, um ein ähnliches Antwortverhalten kontrollieren zu können. Befragte sollen in diesem Fall nicht einfach den Antwortvorgaben folgen und ggf. unwahre Antworten abgeben, sondern als „Test"-Frage immer wieder neu überlegen, ob ein Sachverhalt auf sie zutrifft oder nicht. Sollten unterschiedliche Antwortmuster entstehen, ist dieses immer ein Hinweis auf ein nicht eindeutiges (ggf. unwahres) Antwortverhalten der befragten Person.

5. Überleitungsfragen sollten neue Themenbereiche einführen.

Wechseln sich zwei inhaltliche Themenblöcke ab, sollte ein Übergang zum nachfolgenden Themeninhalt formuliert werden. Dieses Vorgehen orientiert sich an dem Befragten, nimmt ihn als Leser des Fragebogens an die Hand und weckt neues Interesse.

PRAXISBEISPIEL 3.5

Beispiel für eine Instruktion zwischen Themenblöcken (Mayer, 2008, S. 96)

Nun kommen einige Sätze, die man schon irgendwann einmal gehört hat.
Geben Sie bitte Ihre Stellungnahme zu jeder Aussage durch Ankreuzen des betreffenden Kästchens an.

10. Die Freiheit, die heute die jungen Leute haben, ist sicher nicht gut.

stimme stark zu	stimme zu	lehne ab	lehne stark ab
☐	☐	☐	☐

Abb. 3.2: Überleitung im Fragebogen

6. Antworten auf vorangegangene Fragen sollten sich nicht negativ auf das weitere Antwortverhalten auswirken.

Ein Fragebogen sollte den Halo-Effekt vermeiden (vgl. Kapitel 2).

PRAXISBEISPIEL 3.6

In diesem Beispiel bedingt die Antwort der Frage 8 die Antwort in Frage 9. Die Befragten fühlen sich vermutlich unter Druck, wenn sie bzgl. ihrer religiösen Einstellung von der in Frage 9 abgefragten Einstellung abweichen würden. Das Beispiel zeigt einen Ausschnitt aus einem Fragebogen (Mayer, 2008, S. 95):

8. Sind Sie gläubige Katholikin bzw. gläubiger Katholik?

☐ Ja ☐ Nein

9. Welche Einstellung haben Sie zur gesetzlichen Regelung der Abtreibung?

Die vorhandene gesetzliche Regelung sollte in der geltenden Form beibehalten werden. ☐

Eine Abtreibung sollte nur erlaubt sein, wenn für die werdende Mutter Lebensgefahr besteht. ☐

Eine Abtreibung sollte unter keinen Umständen erlaubt sein. ☐

Abb. 3.3: Ausschnitt eines Fragebogens

7. Abschlussfragen am Ende des Fragebogens sollten einfach zu beantworten sein.

Es empfiehlt sich, demografische Fragen zur eigenen Person am Ende eines Fragebogens zu stellen. Oftmals sind dann die Befragten eher bereit dazu, Angaben zu ihrer Schulbildung oder ihrem Einkommensstatus zu machen. Werden solche Fragen zu Beginn gestellt, können reaktive Effekte im Sinne des Halo-Effekts nicht ausgeschlossen werden. Außerdem gelten solche Fragen als wenig Interesse weckend. Um die Befragten generell nochmals zu motivieren, können folgende Textelemente verwendet werden (vgl. Praxisbeispiel 3.7).

PRAXISBEISPIEL 3.7

„Jetzt nur noch ein paar Fragen zum Schluss."
„Abschließend noch wenige Fragen zu Ihrer Person."
Die Textelemente sollten dann noch mit einem Dank an die Person komplettiert werden: „Vielen herzlichen Dank für Ihre Teilnahme an dem Fragebogen!" oder „Herzlichen Dank für Ihre Mitarbeit!"

8. Die Bearbeitungszeit des Fragebogens sollte passgenau für die Zielgruppe sein und motivieren.

Die Bearbeitungszeit für einen Fragebogen ist immer individuell und hängt von vielen verschiedenen Faktoren ab. Darunter fallen z. B. die Komplexität der Fragestellung und die konkrete Zielgruppe. Generell sollte die Bearbeitungszeit eines Fragebogens nicht länger als 40 Minuten dauern (vgl. Mayer, 2008, S. 97).

Ein grundsätzliches Problem entsteht auch immer dann, wenn schriftliche Befragungen in einer Gruppe von Personen gleichzeitig durchgeführt werden, d. h. persönliche Paper- und Pencil-Befragungen zum Einsatz kommen. Es kann dann sein, dass manche Personen schneller und andere langsamer antworten und demzufolge die schnelleren Personen die langsameren Personen durch ihr Verhalten negativ beeinflussen. Um langsamere Personen nicht unter Druck zu setzen und die schnelleren Personen weiterhin zu motivieren, empfiehlt es sich, die Abschlussfragen etwas länger zu gestalten. Es können weitere Fragen angehängt werden, deren Beantwortung für die eigentliche Fragestellung nicht wichtig ist, die Konkurrenzsituation zwischen den Befragten aber deutlich entschärft (vgl. Bortz/Döring, 2006, S. 243).

ÜBUNG 3.1

Sie möchten einen Fragebogen zum Thema Gesundheitsbewusstsein bei den Studierenden einer Hochschule als persönliche Paper- und Pencil-Befragung einsetzen. Welche Bearbeitungszeit und welche, den Fragebogen verlängernden, Abschlussfragen halten Sie für sinnvoll?

TIPP:

Nehmen Sie bei dieser Übung sich selbst als Grundlage, d. h. stellen Sie sich vor, dass Sie selbst an der Befragung teilnehmen: Wie lange könnte man Sie motivieren, an einer solchen Befragung teilzunehmen und wann würde Ihre Motivation und Konzentration nachlassen? Welche Abschlussfragen würden Sie als einfach, aber dennoch interessant einschätzen, die aber wiederum kaum Relevanz zum Gesundheitsbewusstsein haben?

Ob es sich bei dem Fragebogen um eine schriftliche Variante im Sinne der persönlichen Paper- und Pencil-Befragung, der postalischen Befragung oder der Online-Befragung handelt, kommt eine wichtige Bedeutung zu. In diesen Fällen unterscheiden sich die Fragebogeninstruktionen. Aufgrund dessen werden diese Aspekte in Kapitel 3.2 weiter differenziert. Bei mündlichen Befragungsformen gelten nochmals speziellere Voraussetzungen, die gesondert in Kapitel 4 behandelt werden.

LESEHINWEIS

Einen detaillierten Überblick in den Aufbau und Umfang eines Fragebogens finden Sie in dem Kapitel *Quantitative Befragung – Der standardisierte Fragebogen* im Buch von Mayer (2008): *Interview und schriftliche Befragung. Entwicklung, Durchführung und Auswertung* auf den Seiten 91–98.

MERKSATZ

Ein Fragebogen sollte eine eindeutig formulierte Instruktion und eine gute Reihenfolge der Fragen besitzen, unabhängig davon, ob es sich um eine schriftliche oder eine mündliche Befragungsform handelt. Die Fragen und Antworten mögen dem Forscher als noch so gut formuliert erscheinen, letztendlich wird ein Pretest, d. h. eine Vorabtestung des Fragebogens an der gewünschten Zielgruppe, über die endgültige Version des Fragebogens entscheiden müssen (vgl. Bortz/Döring, 2006, S. 256).

3.2 Fragebogeninstruktion und Anschreiben

Wie Sie bereits in Kapitel 3.1 erfahren haben, sind Fragebogeninstruktionen und persönliche Anschreiben sehr wichtig für einen gelungenen Einstieg in den Fragenbogen. Die Motivation zum Ausfüllen des Fragebogens soll dadurch geweckt bzw. gesteigert werden. Unter der Fragebogeninstruktion werden alle Hinweise zum Bearbeiten des Fragebogens verstanden. Oft wird der Schwerpunkt dabei auf den Umgang mit den Antwortvorgaben gelegt (vgl. Mummendey, 1995, S. 68). In postalischen und in Online-Befragungen müssen diese Hinweise besonders gut gestaltet sein, weil der persönliche Kontakt zum Forscher fehlt. Verständnisfragen können die Befragten – wenn überhaupt – nur per Telefon oder per E-Mail stellen.

MERKSATZ

Die Fragebogeninstruktion ist ein machtvolles Werkzeug, denn sie legt die weitere Bearbeitung und das Verständnis der Befragten fest.

Fragebögen sollten niemals auf Instruktionen verzichten, denn sie ermöglichen es erst, die Befragten geeignet zu motivieren. „Man beobachtet nur selten, dass absichtlich gegen Instruktionen verstoßen wird“ (Mummendey, 1995, S. 69). Die Definition der Instruktion wird im späteren Verlauf dieses Kapitels noch weiter ausgelegt und definiert, denn sie schließt das Anschreiben im Sinne der persönlichen Ansprache des Befragten mit ein.

Standardinstruktionen bei Fragebögen

Es haben sich mehrere formale Richtlinien für eine Fragebogeninstruktion als Standard herausgebildet, die in dieser Form in allen Instruktionen enthalten sein sollten. Standardinstruktionen sollten Folgendes beinhalten:

1. Einen Hinweis, dass alle Fragen bzw. Aussagen in Ruhe zu lesen sind.
2. Erläuterungen darüber, wie die Fragen zu beantworten sind, z. B. „ja“ oder „nein“ oder Erläuterung der Skalen „stimme voll und ganz zu“ bis „stimme überhaupt nicht zu“.
3. Einen Hinweis, Fragen so gut wie möglich zu beantworten, z. B. „Wenn Fragen und Antworten und damit Entscheidungen zum Beantworten unklar sein sollten, dem eigenen Gefühl folgen“.
4. Einen Hinweis, dass es keine falschen Antworten gibt, sondern jede Antwort richtig ist.
5. Zusicherung der Anonymität der Befragten

PRAXISBEISPIEL 3.8

Beispiel für eine Instruktion:

Auf den folgenden Seiten finden Sie Aussagen. Gehen Sie bitte jede einzelne Aussage in Ruhe durch und versuchen Sie, jede Aussage zu beantworten, indem Sie bewerten, ob sie „voll und ganz zutrifft“, „eher zutrifft“, „eher nicht zutrifft“ oder „überhaupt nicht zutrifft“. Es gibt dabei keine falschen und richtigen Antworten. Ihre persönliche Einschätzung interessiert uns und ist wichtig für die Forschung. Alle Ihre Angaben werden absolut vertraulich und anonym verarbeitet.

In Praxisbeispiel 3.8 ist eine gewöhnliche Fragebogeninstruktion beschrieben. Sie kann sowohl bei schriftlichen Paper- und Pencil-Befragungen als auch bei der Online-Befragung zum Einsatz kommen. Gegebenenfalls sollten Hinweise zum Ausfüllen des Fragebogens bei unterschiedlichen Antwortvorgaben extra differenziert und zwischen sich wechselnden Skalen positioniert werden. Da die Befragten die gesamte Befragung ohne Anwesenheit des Forschers durchführen, ist es besonders wichtig, einen gut strukturierter Fragebogen mit einer eindeutigen Instruktion einzusetzen. Die in Praxisbeispiel 3.8 vorgestellte Fragebogeninstruktion ist an dieser Stelle noch nicht vollständig abgeschlossen, da sie hauptsächlich Beantwortungshinweise zu den Fragen gibt. Eine persönliche Ansprache, z. B. „Ihre persönliche Einschätzung interessiert uns", erfolgt nur partiell, sollte aber jeder Instruktion vorangestellt sein. Die persönliche Ansprache zeigt nicht nur die Intention der Befragung auf, sondern setzt bei dem Befragten auch Anreize, an der Befragung mitwirken zu wollen. Damit stellt sie einen wesentlichen Faktor für die Motivation zur Teilnahme dar. Postalische und Online-Befragungen müssen eine besonders gute Ansprache einsetzen, da der Forscher nicht durch seine Anwesenheit motivieren kann.

Das Anschreiben

Wird eine Person per Post oder online von einer Forschungsinstitution für eine Befragung angeschrieben, handelt es sich meist um ein klassisches Anschreiben. Dieses Anschreiben muss bestimmten Mindestanforderungen genügen, um die Befragten ausreichend über die Fragestellung zu informieren und gleichzeitig eine Teilnahme an der Befragung bei ihnen zu bewirken. Erfolgt das Anschreiben postalisch, ist insbesondere zu beachten, dass bereits beim Durchsehen der Post für den Befragten erkennbar ist, dass es sich um einem formellen Brief handelt, den es lohnt, zu öffnen. Sobald der Brief geöffnet ist, hat der Forscher eine reale Chance, den Befragten zu motivieren. Bei Online-Befragungen ist das Erreichen von potenziellen Befragungsteilnehmern sehr viel unkomplizierter, da meistens E-Mails oder bestimmte Online-Foren genutzt werden. Bestandteile eines guten Anschreibens sollten folgende Fragen aus Sicht des Befragten klären:

1. *Wer schreibt mich an?*

   Die Angabe des kompletten Namens und der Forschungsinstitution sind Pflicht. Die Befragten haben so auch die Möglichkeit, Kontakt mit dem Forscher aufnehmen zu können.

2. *Was will der Forscher von mir?*

   Der Forscher sollte bereits in der Betreffzeile und danach sehr früh in einem Anschreiben auf Ziel und Zweck seiner Forschungsstudie zu sprechen kommen. Dabei kann er die Bedeutsamkeit seiner Studie besonders betonen und ggf. repräsentative Kooperationspartner (z. B. Hochschulen) nennen. Ein solches Vorgehen symbolisiert dem Befragten eine vertrauensvolle Forschung und eine relevante wissenschaftliche Fragestellung, an der es sich lohnt, mitzuwirken.

3. *Warum ich?*

   Viele Befragte stellen sich die Frage, warum gerade sie für eine Befragung angeschrieben wurden. Auch spielen dabei datenschutzrechtliche Aspekte eine Rolle: Wie ist der Forscher an meine persönliche Adresse (Post- oder E-Mail-Adresse) gekommen? Der Forscher sollte diese Fragen beantworten und erklären, dass die Daten beispielweise aus einem Online-Access-Panel, aus einem Hochschulmail-adressenverteiler, aus dem Telefonbuch oder aus Kundendaten einer bestimmten Institution stammen. Den Befragten sollte glaubhaft vermittelt werden, dass ihre Antworten von entscheidender Wichtigkeit für die Forschung sind. Mitunter können auch persönliche Verbindungen zwischen den Befragten und der Fragestellung gezogen werden, wenn z. B. die Beantwortung der Forschungsfrage auch im persönlichen Interesse des Befragten liegt.

4. *Wie geht man mit meinen Daten um?*

   Der Forscher sollte absolute Vertraulichkeit der Daten zusichern. Manche Fragebögen sind mit Identifikationsnummern ausgestattet. Diese sollten dem Befragten kurz erklärt und ihm garantiert werden, dass keine Verbindung zu seinen persönlichen Daten besteht. Falls es dem Forscher möglich ist, sollte er dem Befragten anbieten, später Einsicht in einen Kurzbericht über die Ergebnisse nehmen zu können.

5. *An wen kann ich mich wenden?*

   Die Möglichkeit, Fragen zu stellen, sollte explizit betont werden. Der Forscher nennt hierfür eine Kontaktmöglichkeit.

6. *Wie viel Aufwand habe ich mit der Befragung?*

   Die Dauer der Befragung sollte im Anschreiben genannt werden, sodass der Befragte einen Zeithorizont kennt. Es sollte auch eine Deadline zur Beantwortung genannt werden.

Abschließend sollte der Befragte noch mal aufgefordert werden, an der Befragung teilzunehmen. Ein Dank und eine Unterschrift des Forschers runden das Anschreiben ab.

Die beschriebenen Angaben müssen nicht zwangsläufig in dieser Reihenfolge gemacht werden, es ist aber durchaus sinnvoll, die Fragen 1.–4. in dieser Abfolge zu klären.

PRAXISBEISPIEL 3.9

Beispiel für ein gelungenes Anschreiben (Eulenberger/Sackmann, 2013, S. 39)

MARTIN-LUTHER-UNIVERSITÄT
HALLE-WITTENBERG

Philosophie Fakultät I
Sozialwissenschaften und historische Kulturwissenschaften
Institut für Soziologie
Prof. Dr. Reinhold Sackmann
Geschäftsführender Institutsdirektor

Martin-Luther-Universität Halle-Wittenberg, 06099 Halle (Saale)

Liebe Eltern,

vor nicht allzu langer Zeit mussten Sie eine weitreichende Entscheidung für die Zukunft Ihres Kindes treffen: Welche Schule soll mein Kind mit Beginn der 5. Klasse besuchen? Über diese Entscheidung möchten wir gern mehr wissen und nur Sie als Experten Ihrer selbst können uns darüber Auskunft geben. Wir möchten die Absichten, Wünsche und Sorgen der Eltern besser verstehen. Die Erkenntnisse sollen bildungspolitischen Entscheidungsträgern helfen bei ihren Planungen, die Wünsche und Bedürfnisse der Eltern zielgenauer berücksichtigen zu können.

Ich wende mich mit der Bitte an Sie, sich an unserem wissenschaftlichen Forschungsprojekt: "Regionale Bildung: Zum Passungsverhältnis von individueller Bildungseinrichtungswahl und regionalem Angebot" zu beteiligen. Dieses Forschungsprojekt wird mit Genehmigung des Kultusministeriums des Landes Sachsen-Anhalt vom Institut für Soziologie der Martin-Luther-Universität Halle-Wittenberg durchgeführt.

Dieses Anschreiben wurde nach Absprache mit der Schule Ihres Kindes über deren Adressenverteiler an Sie versandt. Ihre Kontaktdaten sind somit unserer Forschergruppe weder bekannt noch zugänglich.

Auf diesem Weg möchten wir Sie bitten im Internet unter folgender Adresse an unserer Online-Befragung teilzunehmen. Der Link zur Umfrage lautet:

www.soziologie.uni-halle.de/bildungsumfrage

Da wir die Sicherheit der von Ihnen gegebenen Antworten gewährleisten wollen, benötigen Sie folgenden persönlichen Zugangscode:

Die Umfrage wird nur ca.15 Minuten in Anspruch nehmen.

Ich versichere Ihnen, dass Ihre Antworten und Daten streng vertraulich und ausschließlich im Rahmen dieses wissenschaftlichen Forschungsprojekts verwendet werden. Sämtliche personenbezogenen Daten werden für die Dauer der Untersuchung nach den gesetzlichen Bestimmungen zum Datenschutz behandelt und nach Abschluss der Studie unwiederbringlich gelöscht.

Die Teilnahme ist absolut freiwillig und bei Nichtbeantwortung entstehen weder Ihnen noch Ihrem Kind irgendwelche Nachteile.

Sollten Sie Fragen haben, können Sie sich gern an mich oder an meinen Mitarbeiter Herrn Eulenberger wenden. Sie erreichen mich telefonisch unter [illegible] oder über die E-Mailadresse [illegible]. Meinen Mitarbeiter erreichen Sie unter [illegible] oder über die E-Mailadresse [illegible].

Ich danke Ihnen für Ihre Mitarbeit und verbleibe mit freundlichen Grüßen

Abb. 3.4: Beispiel eines Anschreibens

Anreize in postalischen Befragungen

Postalische Befragungen haben leider immer mit dem Problem zu kämpfen, dass weniger Personen an der Befragung teilnehmen als es bei persönlichen Befragungen der Fall ist. Die Rücklaufquote ist relativ gering (vgl. Döring/Bortz, 2016, S. 414; Reuband,

2001, S. 307). Dennoch kann der Forscher die Rücklaufquote durch gezielte Maßnahmen positiv beeinflussen. Hierunter fällt ein Anschreiben, das wenige Wochen vor dem Versand des Fragebogens die Befragung ankündigt. Dieses Anschreiben sollte um die Mitarbeit an der bald folgenden Befragung bitten. „Ähnliche Wirkungen erzielen telefonische Vorankündigungen, deren Aufwand allerdings nur bei kleineren, regional begrenzten Umfragen zu rechtfertigen ist" (Bortz/Döring, 2006, S. 257). Auf die Ankündigung erfolgt dann der Versand des Fragebogens. Diesem sollte nochmals ein persönliches Anschreiben beigelegt werden, welches wesentliche Aspekte wiederholt. Statt einer kompletten Kopie sollte jedoch auf die Ankündigung Bezug genommen werden. Dabei können Details etwas verkürzt werden. Insbesondere sollte in dem Anschreiben der Hinweis auf die Wichtigkeit der Forschungsfragestellung, der Beantwortung jeder einzelnen Frage und des Zurücksendens des Fragebogens erfolgen. Es wird die Angabe einer Deadline und die Beilage eines frankierten und bereits adressierten Rückkuverts empfohlen. Ob es sich dabei um Briefmarken oder maschinell frankierte Umschläge handelt, spielt dabei keine Rolle für die Rücklaufquote. Dieses konnte Reuband in einer groß angelegten experimentellen Untersuchung nachweisen (vgl. Reuband, 2001, S. 318). Der Einfluss von finanziellen Anreizen oder Sachwerten ist durchaus umstritten.

Zwar zeigen sich deskriptive Zuwächse bei Gewinnauslosungen in der Rücklaufquote; diese sind aber nicht mehr in der Spätphase der Befragung vorhanden. So reagieren Befragte, die einen Fragebogen noch nicht zurückgeschickt haben, kaum auf Erinnerungsschreiben, auch nicht auf solche mit finanziellen oder sachlichen Anreizen. Nur das erste Erinnerungsschreiben (acht bis zehn Tage nach Eingang des Fragebogens) zeigt noch eine relativ hohe Rücklaufquote von 10 % (vgl. Reuband, 2001, S. 319). Bei einer postalischen Befragung ist es daher nicht sinnvoll, mehrere Erinnerungsschreiben zu verschicken. In aktuelleren Metaanalysen konnte ein Effekt von Anreizen festgestellt werden (vgl. Bortz/Döring, 2006, S. 258). Dabei sollte der Rahmen von circa 5 Euro pro Befragungsteilnehmer als finanzieller Anreiz eingehalten werden. Verlosungen zeigen geringere Effekte, sollten aber dennoch auch Anwendung finden, da die Teilnehmerquote trotz allem positiver ausfällt.

ÜBUNG 3.2

Bewerten Sie folgendes Erinnerungsschreiben (Schröder 2011, S. 19):

TIPP:

Gehen Sie bei dieser Übung zunächst alle Mindestanforderungen für ein „gutes" Anschreiben durch. Berücksichtigen dabei, dass es sich um ein Erinnerungsschreiben handelt. Begründen Sie, welche Aspekte Ihnen sehr gut gefallen. Falls es Aspekte gibt, die Sie für verbesserungswürdig halten, geben Sie an, wie Sie es anders formulieren oder welche Ergänzungen Sie durchführen würden.

Lübeck, im April 2008

Umfrage zu ärztlichen Werthaltungen und Herausforderungen

Sehr verehrte Frau Kollegin, sehr geehrter Herr Kollege,

vor circa sechs Wochen hatten wir Ihnen erstmals einen Brief und einen Fragebogen zum Thema „ärztliche Werthaltungen und Herausforderungen" und vor circa drei Wochen ein Erinnerungsschreiben zugeschickt. Da Sie bisher nicht geantwortet haben, vermuten wir, dass Sie Bedenken gegen die Befragung haben oder aber das Thema für nicht so wichtig halten.

Wir verstehen auch, dass der Zeitaufwand zum Ausfüllen des Fragebogens Ihren (Arbeits-)Alltag zusätzlich belastet. Eine solche Befragung ist indes die einzige Möglichkeit genau zu erfahren, wie Sie als Ärztinnen und Ärzte in Krankenhaus und Praxis in Schleswig-Holstein die Herausforderungen und Veränderungen in Ihrem Arbeitsumfeld erleben.

Die Ergebnisse der Befragung sollen regional und auf dem 111. Deutschen Ärztetag in Ulm vorgestellt und diskutiert werden. Sie werden ein Ausgangspunkt sein, um der sich ausbreitenden Entwertung der ärztlichen Arbeit entgegenzuwirken. Dafür benötigen wir eine hohe Beteiligung an der Umfrage. Jeder ausgefüllte Fragebogen ist wichtig.

Falls sich Ihre Beantwortung mit unserem Erinnerungsschreiben überschnitten haben sollte, sehen Sie dieses Schreiben bitte als gegenstandslos an.

Sollten Sie Fragen zu der Umfrage haben, erreichen Sie Herrn Schröder per E-Mail unter oder telefonisch unter

Als Anlage finden Sie noch einmal ein Exemplar des Fragebogens.

Mit der Bitte um Nachsicht für dieses (letzte) Schreiben und mit besten kollegialen Grüßen

[Unterschriften]

Abb. 3.5: Beispiel eines Erinnerungsschreibens

LESEHINWEIS

Einen Einblick in die postalische Befragung und ihre Probleme mit der Rücklaufquote finden Sie im Kapitel *Quantitative Fragenbogenmethode* im Buch von Döring und Bortz (2016): *Forschungsmethoden und Evaluation* auf den Seiten 413–414.

Anreize in Online-Befragungen

Online-Befragungen unterscheiden sich in dem Anreizsystem von postalischen Befragungen in einem Punkt: Bei Online-Befragungen können Personen, die sich zur Teilnahme an einem Online-Access-Panel registrieren lassen, durch die Beantwortung von Fragebögen Punkte sammeln, „die sie sich entweder auszahlen lassen können oder gegen bestimmte Prämien eintauschen" (Taddicken, 2013, S. 206). Ein solches Vorgehen wirkt sich zwar positiv auf die Teilnehmerzahlen aus, kann sich aber auch negativ auf die Repräsentativität der befragten Zielgruppe auswirken. Personen, denen bestimmte Anreize versprochen werden und die dann tatsächlich Geld- oder Sachwerte erhalten, sind ggf. weniger interessiert daran, die Fragen wahrheitsgetreu zu beantworten (vgl. Taddicken, 2013, S. 207). Ähnliches ist bei postalischen Befragungen festgestellt worden (vgl. Reuband, 2001, S. 318 ff.).

3.3 Layout

Neben der Fragebogeninstruktion und der persönlichen Ansprache des Befragten können sich auch das Layout eines Fragebogens auf die Motivation und das Antwortverhalten der Befragten auswirken. Ein ansprechendes grafisches Layout und eine ansprechende formale Gestaltung des Fragebogens sind für eine hohe Antwortbereitschaft bzw. eine hohe Rücklaufquote bedeutsam (vgl. Döring/Bortz, 2016, S. 413).

Das Layout umfasst Faktoren, wie z. B. die Schriftart und -größe, den Zeilenabstand oder auch die Seitenausrichtung. Es schließt alle Maßnahmen ein, die die formale und äußere Gestaltung des Fragebogens betreffen (vgl. Porst, 1998, S. 33). Zusätzlich fokussiert das Layout die Gestaltung von Grafiken und Tabellen und das verwendete Papierformat, z. B. DIN-A4 oder DIN-A5. Die gesamte Gestaltung eines Fragebogens sollte seriös und motivierend auf die Befragten wirken. Folgende Kriterien haben sich zur Gestaltung eines Fragebogens etabliert und sollten bei der Fragebogenkonstruktion stets Berücksichtigung finden:

Formale Kriterien für Gestaltung und Layout eines schriftlichen Fragebogens

- Der Fragebogen sollte ein seriöses und ansprechendes Deckblatt enthalten.
- Der Fragebogen sollte übersichtlich sein, d. h. nicht zu viel Text auf einer Seite enthalten.
- Die Abstände zwischen den Zeilen sollten mindestens 1,5 Zeilen Abstand betragen.
- Die Schriftgröße sollte an die Zielgruppe angepasst werden.
- Die Schriftart sollte geläufig sein (Times New Roman oder Arial).
- Die Inhalte sollten optisch gut lesbar sein.
- Der Fragebogen sollte auf grafische Elemente (z. B. auf eine Farbgestaltung oder Trennlinien) zurückgreifen, um Fragen bzw. Aussagen übersichtlich voneinander abzugrenzen.

PRAXISBEISPIEL 3.10

Bei einem Frageblock könnte zur besseren Differenzierung der Aussagen jede zweite Aussage grau schattiert werden.

Ich erhoffe mir durch mein Studium einen beruflichen Vorteil.
Ich erhoffe mir durch mein Studium mehr Wissen.
Ich erhoffe mir durch mein Studium soziale Kontakte zu Gleichgesinnten.
Ich erhoffe mir durch mein Studium mehr Freiheiten.
Ich erhoffe mir durch mein Studium eine persönliche Weiterentwicklung.
Ich erhoffe mir durch mein Studium nichts.

Die Befragungsform spielt bei der Gestaltung des Fragebogens eine entscheidende Rolle. Hierbei ist es wichtig, zwischen einer Paper- und Pencil-Befragung und einer Online-Befragung zu differenzieren.

Gestaltung und Layout bei einer Online-Befragung

Die Online-Befragung unterscheidet sich in ihrer Gestaltung und Layout deutlich von einer Paper- und Pencil-Befragung. Allein die Lesefähigkeit der Befragten ist anders zu bewerten. Daher muss die Gestaltung des Online-Fragebogens sich den Möglichkeiten des Mediums anpassen. Der Fragebogen muss besonders gut strukturiert sein, d. h. er verwendet eine einheitliche Schriftart und Schriftgröße und teilt die Fragen inhaltlich ein. Dabei sollte für jede Frage eine Seite verwendet werden. Somit umgeht man das Problem des Scrollens. Weiterhin sollten die Befragten zwischen den Seiten hin- und herwechseln können, um Antworten ggf. zu revidieren. Eine Zeitleiste, die anzeigt, wie viel der Befragte bereits vom Fragebogen bearbeitet hat, fördert die Motivation (vgl. Mayer, 2008, S. 104). Obwohl eine Online-Befragung sicherlich viele Designmöglichkeiten eröffnet, sollte auf ablenkende Faktoren (z. B. Animationen und Grafiken) verzichtet werden. Wie sich die grafischen und audiovisuellen Optionen auf Online-Befragungen auswirken, ist noch nicht hinreichend erforscht.

ÜBUNG 3.3

Bewerten Sie folgenden Ausschnitt einer Online-Befragung bezüglich der Gestaltung und des Layouts (Eulenberger/Sackmann, 2013, S. 49):

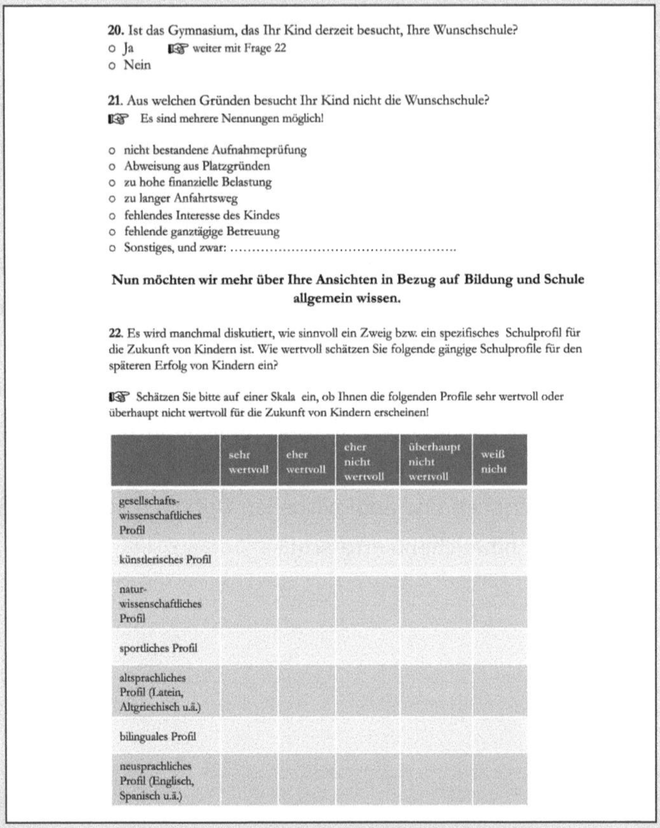

20. Ist das Gymnasium, das Ihr Kind derzeit besucht, Ihre Wunschschule?

o Ja ☞ weiter mit Frage 22
o Nein

21. Aus welchen Gründen besucht Ihr Kind nicht die Wunschschule?
☞ Es sind mehrere Nennungen möglich!

o nicht bestandene Aufnahmeprüfung
o Abweisung aus Platzgründen
o zu hohe finanzielle Belastung
o zu langer Anfahrtsweg
o fehlendes Interesse des Kindes
o fehlende ganztägige Betreuung
o Sonstiges, und zwar: ……………………………………………

Nun möchten wir mehr über Ihre Ansichten in Bezug auf Bildung und Schule allgemein wissen.

22. Es wird manchmal diskutiert, wie sinnvoll ein Zweig bzw. ein spezifisches Schulprofil für die Zukunft von Kindern ist. Wie wertvoll schätzen Sie folgende gängige Schulprofile für den späteren Erfolg von Kindern ein?

☞ Schätzen Sie bitte auf einer Skala ein, ob Ihnen die folgenden Profile sehr wertvoll oder überhaupt nicht wertvoll für die Zukunft von Kindern erscheinen!

	sehr wertvoll	eher wertvoll	eher nicht wertvoll	überhaupt nicht wertvoll	weiß nicht
gesellschafts-wissenschaftliches Profil					
künstlerisches Profil					
natur-wissenschaftliches Profil					
sportliches Profil					
altsprachliches Profil (Latein, Altgriechisch u.ä.)					
bilinguales Profil					
neusprachliches Profil (Englisch, Spanisch u.ä.)					

Abb. 3.6: Beispiel zu Gestaltung und Layout eines Fragebogens

TIPP:

Gehen Sie bei dieser Übung alle Kriterien für eine gute Gestaltung durch. Stellen Sie sich vor, dass Sie selbst zu dem Kreis der Befragten gehören. Wie wirkt das Layout auf Sie? Welche Aspekte gefallen Ihnen nicht? Begründen Sie diese. Wenn Ihnen Gestaltungselemente gefallen, begründen Sie diese ebenfalls. Beachten Sie bei der Übung, dass es sich hier um eine Online-Befragung handelt.

HINWEIS

Das Layout von Online-Befragungen wird durch diverse Online-Tools gestützt. Es existieren unterschiedliche kostenlose Möglichkeiten zur Gestaltung und Veröffentlichung von Online-Fragebögen (u. a. SoSci Survey, unipark oder SurveyMonkey). Sie können sich mit den zugehörigen Webseiten vertraut machen und die kostenlosen Registrierungs- und Gestaltungsmöglichkeiten ausprobieren.

Ein gutes Layout stellt vorerst den Abschluss der Fragebogenkonstruktion dar. Die Formulierungsempfehlungen für Fragen und Antworten wurden vom Forscher bedacht, und er könnte nun den Fragebogen an der Zielgruppe einsetzen. Bevor er dies tut, sollte der Fragebogen jedoch einen Pretest durchlaufen, um sicherzustellen, dass die theoretischen Festlegungen der Fragen und Antworten und die Gestaltungsideen tatsächlich von den Befragten richtig verstanden werden und für diese motivierend und ansprechend umgesetzt wurden.

3.4 Pretestung

Ein wesentlicher Bestandteil im Rahmen einer wissenschaftlichen Untersuchung ist die Pretestung bzw. der Pretest der verwendeten Methode. Unter Pretestung versteht man die Prüfung der gesamten Fragebogenform hinsichtlich seiner Brauchbarkeit und Qualität an einer repräsentativen Stichprobe. Fragen, Antworten oder Gestaltungselemente, die der Zielgruppe nicht entsprechen, werden identifiziert und eliminiert oder abgewandelt. Eine erfolgreiche Hauptuntersuchung setzt eine Pretestung zwingend voraus (vgl. Porst, 1998, S. 9).

DEFINITION

„Vortests dienen allein dazu, die Funktionsfähigkeit von Untersuchungsgeräten, die Eignung von Untersuchungsmaterial und den reibungslosen Untersuchungsablauf zu prüfen, indem einige Versuchsteilnehmer probeweise einen Untersuchungsdurchgang absolvieren oder Vorformen eines Fragebogens ausfüllen und beurteilen." (Bortz/Döring, 2006, S. 356)

Wenn sich mehrere Personen in der Voruntersuchung für eine bessere Gestaltung oder inhaltliche Änderungen aussprechen, sollte der Forscher diesen Wünschen nachkommen. Ein besonders hilfreicher Ansatz, um diese Wünsche explorieren zu können, stellt die Methode des lauten Denkens dar. „Dabei setzt man sich neben die Testperson und bittet sie, all jene Dinge, die ihr bei der Bearbeitung einfallen, zu verbalisieren. Diese werden kurz protokolliert" (Raab-Steiner/Benesch, 2008, S. 59). Handelt es sich um einen größere Gruppe von Personen, könnte man anschließend eine Gruppendiskussion durchführen oder die Befragten bitten, schriftlich kritische Kommentare einzufügen. Es besteht leider eine gewisse Uneinigkeit über die benötigte Anzahl von Personen für eine Pretestung. Diese variieren zwischen zehn und 200 Personen (vgl. Porst, 1998, S. 36). Sie sollten sich von diesen Zahlen aber nicht irritieren lassen. Es ist immer besser eine Pretestung durchzuführen, egal wie groß der Stichprobenumfang ist. Sie gewinnen neue Erkenntnisse, die Sie für die Hauptstudie dringend benötigen.

Die Pretestung prüft mit Bezug zur Zielgruppe:

1. das Verständnis der Fragen und der verwendeten Sprache
2. das Verständnis der Antworten, den Umgang mit den Antwortvorgaben und den Fragebogeninstruktionen
3. den Aufbau des Fragebogens, d. h. die Reihenfolge und die Positionierung der Inhalte
4. die Gestaltung und das Layout
5. den Umfang des Fragebogens, d. h. die Länge
6. die Dauer der Befragung
7. die Befragungssituation und ggf. technische Ausstattung

8. die Motivation und Aufmerksamkeit der Befragten beim Ausfüllen
9. die statistische Aussagekraft der Ergebnisse

Während die Punkte 1.–8. sämtlich Aspekte sind, die theoretisch im Diskurs mit den Befragten geklärt werden, stellt Punkt 9. den Forscher vor die Herausforderung, Statistiken als Maß der Güte seiner Befragung zu berechnen. Wesentliches Ziel ist, neben der Praxistauglichkeit des Fragebogens, die Reliabilität und Validität zu bestimmen (vgl. Möhring/Schlütz, 2013, S. 192). Die wichtigsten Arbeitsschritte und Statistiken werden hierzu in den folgenden Kapiteln gesondert beschrieben.

> *„If you don't have the resources to pilot test your study, don't do the study." (Sudman/Bradburn, 1983, zitiert nach Porst, 1998, S. 34)*

3.4.1 Statistisch „gute" Fragen und Antwortmöglichkeiten

Wurde eine Pretestung des Fragebogens durchgeführt, bieten sich diverse Möglichkeiten an, um die Antworten statistisch auszuwerten und im Hinblick einer „guten" Frage- und Antwortformulierung zu überprüfen. Eine statistische Überprüfung kann eine wertvolle Ergänzung zu schriftlichen oder mündlichen Kommentaren der Befragten darstellen.

MERKSATZ

Statistiken lügen nicht – zumindest nicht, wenn der Forscher verantwortungsbewusst mit ihnen umgeht.

Die Daten der Befragten sollten in einem ersten Schritt in ein geeignetes Softwareprogramm für die statistische Datenanalyse eingegeben werden, z. B. kostengebunden: SPSS, Stata, SAS oder kostenlos: PSPP und R. Auch in dem Programm EXCEL finden sich viele Varianten für die Ermittlung von wesentlichen Statistiken wieder. Umfangreiche Einblicke in den Umgang mit diesen Programmen erhalten Sie im Internet. Im Folgenden wird sich auf die Dateneingabe des kostenpflichtigen Programms SPSS fokussiert.

Diese Vorgehensweise kann jedoch direkt auf die kostenfreie Variante PSPP übertragen werden.

Dateneingabe und Kodierung

Alle Antworten des Fragebogens müssen zunächst in ein Datenfenster als Zahlen eingetragen werden. Der Forscher muss somit zu einzelnen sprachlichen Antwortvorgaben sich sinnvolle Zahlen überlegen, die dieser Antwortvorgabe entsprechen. An dieser Stelle taucht das bereits erwähnte Problem der mittleren Kategorie wieder auf. Auch „weiß nicht“-Kategorien oder halboffene Fragen mit einem frei verfassten Text der Befragten sind nur schwer in Zahlen zu überführen. Bei der Dateneingabe sollte der Forscher auch die Polung der Antwortvorgaben beachten, um sich nicht in der Zahlenreihenfolge zu irren (vgl. Praxisbeispiel 2.3). Nehmen wir mal an, Sie hätten bei zehn Psychologiestudierenden Fragen zur Statistikklausurnote (eigene Angabe), dem Geschlecht („weiblich“, „männlich“), dem Ernährungstyp („Fleischkonsument“, „Vegetarier“) und dem alkoholischen Trinkverhalten („nie“, „selten“, „hin und wieder“, „häufig“ und „sehr häufig“) gestellt. Für die letzten drei Fragen müssten die Antwortvorgaben in Zahlen überführt werden (1 = „weiblich“, 2 = „männlich“; 1 = „Fleischkonsument“, 2 = „Vegetarier“; 1 = „nie“, 2 = „selten“, 3 = „hin und wieder“, 4 = „häufig“, 5 = „sehr häufig“). Sofern Befragte Antworten in einem Fragebogen ausgelassen haben, muss dieses als fehlender Wert berücksichtigt werden. In diesem besonderen Fall verwendet der Forscher eine Zahl außerhalb der ursprünglichen Skala. Oft wird der Wert 9 als ein fehlender Wert bezeichnet. Sollte jedoch eine Skala den Wert einschließen (z. B. 1–10), kann ein anderer Wert frei gewählt werden (z. B. 0 oder 99).

Jede einzelne Frage stellt eine Spalte dar. Jede einzelne Zeile gehört zu einer befragten Person. Die Antworten könnten dann numerisch eingegeben werden (vgl. Abbildung 3.1).

	Note_Statistik	Geschlecht	Ernährungstyp	Trinkverhalten
1	1,0	1	1	3
2	1,3	1	2	2
3	2,3	1	1	3
4	2,3	1	2	2
5	1,7	2	1	3
6	1,3	1	1	3
7	2,3	1	1	4
8	2,7	1	1	2
9	2,7	1	1	2
10	1,7	1	2	1

Abb. 3.7: Dateneingabe in SPSS (IBM Version 22)

Sind die Daten eingegeben und die Zahlen auf Basis eines Kodierungsbuchs festgehalten, kann der Forscher mit den Analysen beginnen. Ein Kodierungsbuch (auch codebook genannt) ist eine schriftliche Kommentierung und Erläuterung aller vergebenen Zahlen (z. B. 1 = „stimmt" und 2 = „stimmt nicht"). So kann der Forscher zu allen Zeitpunkten nachvollziehen, welche inhaltlichen Antwortvorgaben hinter den Zahlen stehen.

MERKSATZ

Ein Kodierungsbuch ist zwingend erforderlich, um Transparenz und Nachvollziehbarkeit zu gewährleisten. Die meisten statistischen Softwareprogramme bieten eine Kodierungsdokumentation an.

Die statistische Überprüfung jeder einzelnen Frage im Fragebogen wird nach bestimmten Kriterien durchgeführt, und es wird entschieden, welche Fragen und Antworten im Fragebogen gut geeignet sind und im Fragebogen beibehalten werden können. Die Fragen und Antworten, die diesen Kriterien nicht genügen, werden aus dem Fragebogen eliminiert (vgl. Mummendey, 1995, S. 71).

Statistische Kriterien für „gute“ Fragen und Antworten

Dieser Abschnitt konzentriert sich auf eine Auswahl statistischer Kriterien zur Bestimmung der Güte von Fragen und Antworten. Dabei werden folgende Kriterien genauer betrachtet:

- Itemschwierigkeit
- interne Konsistenz (Cronbachs Alpha)
- Homogenitätsprüfung

Itemschwierigkeit: Die Prüfung der Fragen und Antworten beginnt meistens mit der Itemschwierigkeit jeder Frage. Unter Itemschwierigkeit versteht man die Schwierigkeit bzw. Leichtigkeit, auf eine Frage zu antworten. Dabei handelt es sich nicht um eine subjektive Bewertung einer einzelnen Person, sondern um einen statistischen Index über alle Personen. Der Begriff Schwierigkeit lehnt sich an Intelligenz- und Leistungstests an, d. h. wortwörtlich: Wie schwer ist eine Aufgabe für alle Personen zu lösen? Damit steht die Berechnung der Itemschwierigkeit fest. Es handelt sich dabei um den prozentualen Anteil der Personen, die eine Aufgabe – im Vergleich zu allen Personen (N gesamt), die die Aufgabe bearbeitet haben – lösen konnten (N richtig). Die Formel lautet:

$$\text{Itemschwierigkeit} = \frac{N_{richtig}}{N_{bearbeitet}} * 100\%$$

Die Itemschwierigkeit ist somit bereits eine korrigierte Itemschwierigkeit, weil nur die Personen berücksichtigt werden, die die Frage auch bearbeitet haben. Sofern viele fehlende Werte in einem Datensatz auftreten, muss der Forscher inhaltlich abwägen, ob ihm die Itemschwierigkeit zur Einschätzung der Güte der Frage überhaupt noch genügt. Ein hoher Anteil an fehlenden Werten deutet immer auf Probleme der Befragten mit der Frage hin. Überträgt man die oben genannte Formel der Itemschwierigkeit auf Fragebögen, in denen es z. B. um die Messung von Persönlichkeitseinstellungen geht, versteht sich die Itemschwierigkeit als ein Kriterium, das beispielsweise Auskunft über die Bejahung oder Verneinung einer Frage geben kann oder darüber, wie ausbalanciert einzelne Antworten sind.

PRAXISBEISPIEL 3.11

Wir berechnen die Itemschwierigkeit für die Frage nach dem Ernährungstyp. In der repräsentativen Stichprobe identifizieren wir 70 % (weil $\frac{7}{10} * 100\%$ gilt) Fleischkonsumenten und 30 % Vegetarier. Ob diese Werte für unsere Forschung inhaltlich gut sind, müssten wir nun abwägen. Bei dem Beispiel ist jedoch zu berücksichtigen, dass der Stichprobenumfang sehr klein ist. Dieses dient ausschließlich didaktischen Anschauungszwecken und ist in der Praxis natürlich nicht zu empfehlen.

Für alle Fragen kann eine Itemschwierigkeit berechnet werden. Auch für Fragen, deren Antwortkategorien mehrstufig sind, geben prozentuale Häufigkeiten eine Übersicht, wie häufig bestimmte Antworten gewählt wurden. Streng genommen ist die Itemschwierigkeit jedoch für Ordinal- und Intervallskalen nicht definiert. Man könnte die Werte dichotomisieren, d. h. zwei Klassen bilden und die prozentualen Häufigkeiten vergleichen. Weiterhin besteht die Möglichkeit, Mittelwerte als Basis des Vergleichs heranzuziehen oder einen Quotienten zwischen erreichten Werten und maximal erreichbaren Werten zu bilden.

PRAXISBEISPIEL 3.12

Nehmen wir an, fünf Personen haben eine Frage zum Vegetarismus beantwortet, die insgesamt vier ordinalskalierte Antwortkategorien (numerische Marken 1–4) besitzt. Maximal erreichter Wert, wenn alle Personen 4 angekreuzt hätten, ist 20 (weil 4*5 Personen). In unserem Beispiel haben die Personen die Werte 1, 3, 3, 4, 4 angekreuzt. Die Summe der insgesamt erreichten Werte beträgt damit 15. Der Quotient der erreichten und maximal erreichbaren Werte ergibt 0,75 (weil 15/20). Die Itemschwierigkeit beträgt somit 75 %.

ÜBUNG 3.4

Berechnen Sie mithilfe einer geeigneten Formel die Itemschwierigkeit für die Frage nach dem alkoholischen Trinkverhalten.

TIPP:

Wenden Sie bei dieser Übung die Formel der Itemschwierigkeit an. Sie können die Lösung per Hand bzw. Taschenrechner berechnen oder auch gerne auf eine Statistiksoftware zurückgreifen. Wenn Sie den Wert vorliegen haben, versuchen Sie sich an einer Interpretation. Was kann man aus diesem Wert folgern? Muss der Forscher die Frage eliminieren oder handelt es sich um eine „gute“ Frage?

Bei der Itemschwierigkeit geht es um die Identifikation von Fragen, die sehr viele Personen gleich beantworten. Hätten wir in Praxisbeispiel 3.11 100 % Fleischkonsumenten, wäre eine Differenzierung dieser Frage nicht gegeben und für die Hauptstudie sinnlos abzufragen.

Interne Konsistenz: Weiterhin sollten Fragen, die gleiche Inhalte abfragen, sich auch in einem gleichen Antwortverhalten der Befragten widerspiegeln, d. h. das Antwortverhalten sollte konsistent sein. Eine Statistik, die sich dieser Überprüfung annimmt, nennt sich Cronbachs Alpha. Nehmen wir an, wir hätten in unserem Fragebogen noch eine weitere Frage zum Thema Genussmittel gestellt und ausschließlich Raucher nach ihrem Tabakkonsum befragt. Inhaltlich würden wir erwarten, dass Genussmittel ähnlich konsumiert werden, d. h. eine Person, die häufig Alkohol konsumiert, auch häufig Tabak raucht.

Trinkverhalten	Rauchverhalten
3	3
2	3
3	2
2	2
3	3
3	3
4	5
2	2
2	2
1	1

Abb. 3.8: Erweiterung der Datentabelle (in SPSS)

Um zu überprüfen, ob es einen hohen Zusammenhang zwischen den beiden Fragen gibt, empfiehlt sich die Anwendung des Korrelationskoeffizienten r von Bravais Pearson.

$$r = \frac{\frac{1}{n-1}\sum(x_i - \bar{x}) * (y_i - \bar{y})}{\sqrt{\sum\frac{(x_i - \bar{x})^2}{n-1}} * \sqrt{\sum\frac{(y_i - \bar{y})^2}{n-1}}}$$

Der Korrelationskoeffizient ist die Kovarianz der beiden Fragen X und Y geteilt durch das Produkt der beiden Standardabweichungen. Sofern es sich um mehr als zwei Fragen handelt, die in Beziehung gesetzt werden sollen, werden sämtliche Interkorrelationen berechnet und zu der Statistik Cronbachs Alpha zusammengefasst:

$$Alpha = \frac{k * \bar{r}}{1 + (k-1) * \bar{r}}$$

Der Buchstabe r stellt die durchschnittliche Korrelation aller Fragen dar und k die Anzahl der in die Berechnung eingeschlossenen Fragen. Beide Formeln beziehen sich auf Kovarianzen und Standardabweichungen bzw. Korrelationen, die zur Schätzung von Parametern für eine Population genutzt werden. Dieses entspricht dem Konzept der Inferenzstatistik.

HINWEIS

In der Praxis findet häufig eine Verknüpfung zwischen deskriptiver Statistik und Inferenzstatistik statt. Nahezu alle Statistiksoftwareprogramme nutzen deshalb die Statistiken auf Grundlage der Schätzung von Parametern. Daher werden in diesem Methodenhandbuch ausschließlich diese Statistiken verwendet!

PRAXISBEISPIEL 3.13

Berechnen wir für die beiden Variablen Trinkverhalten und Rauchverhalten (vgl. Abb. 3.2) den Korrelationskoeffizienten, so ergibt sich der Wert r = 0.851 (Mittelwert des Trinkverhaltens = 2,50 mit einer Standardabweichung von 0.849 und Mittelwert des Rauchverhaltens = 2,60 mit einer Standardabweichung von 1.074). Die Berechnung der internen Konsistenz erwiese sich als sinnlos, da es keine durchschnittliche Korrelation gibt und auch nur zwei Fragen einbezogen wurden.

Cronbachs Alpha wird auch gern als Maß zur Angabe der Ähnlichkeit, d. h. der inhaltlichen Homogenität von Fragen angesehen. Dabei setzt Cronbachs Alpha bereits die Berechnung der inhaltlichen Ähnlichkeit durch die durchschnittliche Korrelation voraus. Ergeben sich relativ hohe Korrelationen, ließe dies auf eine hohe Ähnlichkeit der gemessenen Inhalte schließen. Die Itemgüte einzelner Items ergibt sich durch den gemessenen Grad an Homogenität und Itemschwierigkeit. Nach Berechnung der Itemgüte folgt die Messung der Hauptgüte der Untersuchung.

Korrelationen spielen daher auch zur Bestimmung der Hauptgütekriterien in einer Pretestung eine entscheidende Rolle. So kann die Reliabilität beispielsweise als Korrelation mit anderen, ähnlichen Fragebögen, und dem selbst entwickelten Fragebogen berechnet werden (= Paralleltestreliabilität). Im Rahmen mehrerer Testungen könnten dieselben Personen den Fragebogen mehrmals ausfüllen und die Ergebnisse korreliert werden (= Retestreliabilität). Auch die Validität besitzt mehrere Prüfvarianten. Beispielsweise wünscht man sich in einem Fragebogen hohe Korrelationen zwischen ähnlichen Frageinhalten (= konkurrente Validität) und niedrige Korrelationen zwischen ungleichen Frageinhalten (= diskriminante Validität). Nur Fragen, die reliabel und valide sind, sind tatsächlich „gute" Fragen (vgl. Möhring/Schlütz, 2013, S. 190). Statistische Datenanalysen können am Ende der Pretestung diese Fragen beantworten. „Weil wir alle wissen, dass ein perfekter Fragebogen – wenn es denn einen perfekten Fragebogen überhaupt gibt – nicht am Schreibtisch konstruiert werden kann" (Porst, 1998, S. 35).

LESEHINWEIS

Einen detaillierten Einblick in die statistische Datenanalyse zur Prüfung der Qualität von Fragen und Antworten finden Sie in dem Kapitel *Item-Analyse* im Buch von Mummendey (1995): *Die Fragebogen-Methode* auf den Seiten 71–87. Einen Einblick in den Umgang mit dem Datenanalysesystem SPSS erhalten Sie in dem Kapitel *Quantitative Befragung – der standardisierte Fragenbogen* im Buch von Mayer (2008): *Interview und schriftliche Befragung. Entwicklung, Durchführung und Auswertung* auf den Seiten 106–169.

3.4.2 Güte der Statistiken

Statistiken, die nach einer Pretestung berechnet werden, orientieren sich an den Hauptgütekriterien der Reliabilität und der Validität. Können beide Kriterien als relativ akzeptabel bis exzellent eingestuft werden, minimieren sich automatisch die Fehlerquellen im Fragebogen. Der Fragebogen misst dann nicht nur zuverlässig und stabil irgendwelche Inhalte, sondern die Inhalte, die der Forscher beabsichtigt zu messen. Vor Berechnung der Hauptgüte setzt der Forscher jedoch die Berechnung der Itemgüte. Eine entsprechend gute Itemgüte im Sinne der Itemschwierigkeit und der Homogenität wirkt sich automatisch positiv auf die Hauptgütekriterien aus.

MERKSATZ

Bei der Berechnung der Güte eines Fragebogens beginnt man immer mit dem kleinsten Element: mit der Frage (= Item). Erst im Anschluss erfolgt eine Einschätzung des Fragebogens auf globaler Ebene.

Die Itemgüte- und Hauptgütekriterien spielen eine besonders große Rolle im Rahmen einer Testsituation. Um genaue und aussagekräftige Ergebnisse bei einer bestimmten Befragtengruppe zu erzielen, muss sichergestellt sein, dass der Fragebogen in allen Aspekten den Gütekriterien entspricht. Erst dann darf er sich Test nennen (vgl. Kapitel 2.3.2). Ein weiteres statistisches Kriterium, das insbesondere für Testskalen wichtige Interpretationen zulässt, ist die Trennschärfe, die zu den Itemgütekriterien gehört. Die Trennschärfe beschreibt den Zusammenhang zwischen der Beantwortung einer Frage und dem Gesamttestwert. In der Regel wird die Trennschärfe als Korrelation zwischen diesen beiden intervallskalierten Items (Frage X und Gesamttestwert) berechnet. Abweichende Korrelationskoeffizienten, die an dieser Stelle nicht Gegenstand der weiteren Betrachtung sind, gibt es auch für den Fall ordinalskalierter Items (Spearmans Rho) oder eines nominalskalierten Items mit dem intervallskaliertem Gesamttestwert (punktbiserialer Korrelationskoeffizient oder Eta-Quadrat). Die Trennschärfe auf intervallskalierter Datenbasis berechnet sich wie folgt:

$$Trennschärfe = \frac{\frac{1}{n-1}\sum\left(x_{itemwert_i} - \overline{x}_{item}\right) * \left(y_{gesamtwert_i} - \overline{y}_{gesamt}\right)}{\sqrt{\frac{\sum\left(x_{itemwert_i} - \overline{x}_{item}\right)^2}{n-1}} * \sqrt{\frac{\sum\left(y_{gesamtwert_i} - \overline{y}_{gesamt}\right)^2}{n-1}}}$$

Die Kovarianz der betreffenden Frage bzw. des Items und des Gesamttestwertes geteilt durch das Produkt der Standardabweichung der Frage und der Standardabweichung des Gesamttestwertes, ergibt den Quotienten der Trennschärfe.

Nehmen wir an, dass in unserem Beispiel der Genussmittel (vgl. Praxisbeispiel 3.13) die Skala des Alkoholkonsums und die Skala des Rauchverhaltens addiert den Gesamttestwert einer Person ergeben würden. Wir erweitern damit die Datenbasis um das Item Gesamt, in dem alle Gesamttestwerte der zehn Personen eingetragen sind.

Trinkverhalten	Rauchverhalten	Gesamt
3	3	6,00
2	3	5,00
3	2	5,00
2	2	5,00
3	3	6,00
3	3	6,00
4	5	9,00
2	2	4,00
2	2	4,00
1	1	2,00

Abb. 3.9: Datentabelle mit Gesamttestwert

PRAXISBEISPIEL 3.14

Berechnen wir für die Datentabelle die Trennschärfe, ergibt sich eine sehr hohe positive Korrelation von 0.953. Die Frage nach dem Trinkverhalten hängt somit stark mit dem Gesamttestwert zusammen. Je höher der Wert beim Trinkverhalten ist, desto höher sind die Werte dieser Personen im Gesamttestwert der Genussmittel. Je niedrigere Werte die Personen beim Trinkverhalten angegeben haben, desto niedriger ist auch ihr Gesamttestwert. Ein solches Antwortverhalten würden wir als äußerst stimmig bewerten.

Die Berechnung der Beispieldaten ist jedoch mit Vorsicht zu behandeln: In dem Gesamttestwert ist die Frage, um die es gerade geht, bereits enthalten. Damit wird die Korrelation künstlich erhöht! Um zu statistisch sinnvollen Aussagen zu gelangen, muss das Item, welches gerade berücksichtigt wird, aus dem Gesamttestwert ausgeschlossen werden. In diesem Fall spricht man auch von der korrigierten Trennschärfe. Stützen wir uns ausschließlich auf die korrigierte Trennschärfe ergibt sich der reine Korrelationskoeffizient zwischen Trinkverhalten und Rauchverhalten (r = 0.851).

MERKSATZ

Die *korrigierte* Trennschärfe ist die Statistik, die immer eingesetzt werden sollte, um statistisch wertvolle Aussagen treffen zu können.

In unserem Beispiel ist eine Trennschärfeanalyse nicht wirklich sinnvoll, da die Daten nur aus zwei Items bestehen. Testverfahren stützen sich immer auf mehrere Items.

ÜBUNG 3.5

Berechnen Sie die Trennschärfe des Items Rauchverhalten per Hand bzw. Taschenrechner oder durch Unterstützung eines Softwareprogramms. Bewerten Sie Ihr Ergebnis.

TIPP:

Wenden Sie bei dieser Übung die Formel der intervallskalierten Trennschärfe an. Sie können die Lösung per Hand bzw. Taschenrechner berechnen oder auch gerne auf eine Statistiksoftware zurückgreifen. Wenn Sie den Wert vorliegen haben, versuchen Sie sich an einer Interpretation. Was kann man aus diesem Wert folgern? Muss der Forscher die Frage eliminieren oder handelt es sich um eine „gute" Frage?

In der Wissenschaft wünschen sich Forscher ausschließlich hohe positive Trennschärfen, da sie eine Prognose von dem Antwortverhalten einer Person auf alle anderen Antworten im Gesamttestwert zulassen. Wenn eine Person einen niedrigen Wert besitzt, sollte sich dieses Antwortverhalten auch niedrig im gesamten Testwert darstellen. In diesem Fall gelingt es dann auch, „schlechte" von „guten" Personen zu trennen. Sprichwörtlich: Die Trennung erfolgt dann scharf in zwei Gruppen.

MERKSATZ

Trennschärfekoeffizienten sollten hohe positive Korrelationen (> 0.30) besitzen. Ist die Korrelation um 0 haben sowohl „gute" Personen zur Hälfte einen guten Gesamttestwert und zur Hälfte einen schlechten Gesamttestwert erzielt. Gleiches gilt für „schlechte" Personen. Es ist daher keine Trennung zwischen den Gruppen möglich. Ist die Trennschärfe negativ, kehrt sich das Antwortverhalten um. „Gute" Personen können beispielsweise eine Aufgabe nicht lösen, „schlechte" Personen dagegen schon. Dieses Antwortverhalten ist inhaltlich meistens nicht im Sinne des Forschers.

Erfüllen einzelne Fragen die Trennschärfegüte nicht, sollten sie aus dem Fragebogen eliminiert werden. Die Trennschärfe hängt unmittelbar mit der Itemschwierigkeit zusammen. Wenn viele Personen eine Frage gleich beantworten, können Sie keine Gruppen voneinander trennen.

MERKSATZ

Itemschwierigkeiten sollten sich idealerweise um 50 % im Sinne einer Normalverteilung mit einem Spielraum von 20 %–80 % bewegen.

Beträgt die Itemschwierigkeit circa 50 %, deutet dieses darauf hin, dass ein Teil die Frage in die eine Richtung und ein Teil die Frage in die andere Richtung beantwortet hat. In Testverfahren wird aber gerne ein Spielraum von mindestens 20 % und maximal 80 % festgelegt. Zu Beginn eines Tests können Eisbrecherfragen durchaus von vielen Personen gleich bzw. richtig beantwortet werden, bei schwierigen Fragen sollte dann nur noch ein kleiner Personenkreis die Fragen tatsächlich beantworten können.

PRAXISBEISPIEL 3.15

In dem Datenbeispiel Ernährungstyp ergab sich eine Itemschwierigkeit von 70 % Fleischkonsumenten. Dieser Anteil wäre noch im Rahmen. Sollte es sich jedoch bei dem Ernährungstyp um eine entscheidende inhaltliche Identifikationsfrage handeln, sollte der Forscher genau überlegen, ob dieser Anteil für seine Studie repräsentativ ist.

Ergeben sich für einen Test oder Fragebogen gute Itemschwierigkeiten und Trennschärfen, haben diese bereits positive Einflüsse auf die Hauptgüte. Fragen, die den Statistiken nicht entsprechen, werden aus dem Datensatz entfernt und die verbliebenen Fragen auf Hauptgüte geprüft. Sie können dann andere, ähnliche Fragebögen hinzuziehen, Experten befragen, interne Konsistenzen berechnen oder einzelne Skalen innerhalb Ihres Fragebogens vergleichen.

MERKSATZ

Korrelationskoeffizienten, die im Rahmen der Reliabilitäts- und Validitätsprüfung ermittelt werden, sollten mindestens größer 0.50 ausfallen. Von idealen Korrelationen kann ab dem Wert 0.70 ausgegangen werden.

Bei der Reliabilitäts- und Validitätsmessung sind etliche Probleme zu kontrollieren, z. B. Lerneffekte oder das Finden von validen Kriterien für die Korrelation. Erst durch eine methodische Kontrolle ist tatsächlich sichergestellt, dass die Statistiken geeignete Aussagen treffen können. Weiterhin gilt es zu berücksichtigen, dass jede Statistik Voraussetzungen mit sich bringt. Eine Korrelation im Sinne von Pearson ist u. a. eine lineare Statistik und setzt Intervallskalenniveau voraus. Diese Voraussetzungen hat der Forscher immer zu prüfen. Insbesondere das Intervallskalenniveau kann bei psychologischen Messungen kaum eingehalten werden. „Jedoch wird in der Scientific Community selten Kritik geübt, wenn Daten aus Ratingskalen auf Intervallskalenniveau behandelt werden" (Hussy et al., 2013, S. 77). Es bleibt damit beim Forscher, eigenverantwortlich zu begründen, warum er sich für eine bestimmte Vorgehensweise und Statistik entschieden hat.

LESEHINWEIS

Einen weiterführenden Überblick über die Gütekriterien der quantitativen Forschung, insbesondere der Validität, gibt das Unterkapitel *Gütekriterien für quantitative Forschung* im Buch von Döring und Bortz (2016): *Forschungsmethoden und Evaluation* auf den Seiten 93–106.

Zusammenfassung

Ein Fragebogen lässt sich nicht auf die Schnelle konstruieren. Er ist anfällig für Fehler. Diese sollten möglichst früh im Rahmen der Fragebogenkonstruktion vom Forscher bedacht werden. Ist ein Fragebogen inhaltlich formuliert, sollte er sich an bestimmten Kriterien für den Aufbau, den Umfang, für das Layout und das Anschreiben orientieren. Durch diese formalen Kriterien lassen sich die befragten Personen besser zu einer Teilnahme mit authentischen Antworten motivieren. Der Fragebogen und das Medium der Befragung sollten stets zur Zielgruppe passen. Einen besonders großen Einfluss von Ungenauigkeiten und Fehlern lässt sich nur durch eine Pretestung herausfinden. Der Forscher sollte zuvor eine Befragtengruppe aufsuchen, die die Zielgruppe repräsentiert, diese um inhaltliche Kommentare bitten und den Fragebogen probeweise durchlaufen. Auf Basis des Antwortverhaltens lassen sich dann Statistiken ermitteln, die eine Aussage über die Güte der Antworten zulassen. Letztendlich kann nur durch ein solches Vorgehen sichergestellt werden, ob der Fragebogen praktisch das misst, was der Forscher theoretisch messen wollte und ob die Antworten ein stimmiges Muster ergeben. Meistens muss ein Forscher für seine Hauptstudie Fragen aus dem Fragebogen entfernen oder Inhalte abändern. Die Berechnung der Güte der Statistiken, die Grundlage für diese Entscheidungen ist, setzt aber auch voraus, dass die Befragten die Befragung ernst genommen haben, d. h. dass sie beispielweise die Fragen und Antworten systematisch und bewusst bearbeitet haben. Weiterhin müssen methodische und statistische Voraussetzungen bei der Datenauswertung überprüft werden. Kriterien und Einschätzungen der Güte markieren dabei nur grob einen Weg; die einzelnen Schritte muss der Forscher selbst gehen und seine Abzweigungen von diesem Weg immer argumentativ hochwertig und transparent begründen.

„Even after years of experience, no expert can write a perfect questionnaire.“ (Sudman/Bradbrun, 1983, zitiert nach Porst, 1998, S. 35)

Aufgaben zur Selbstüberprüfung

AUFGABE 3.1

Denken Sie sich ein Beispiel für den Halo-Effekt aus und erläutern Sie, wie Sie diesen auf Basis Ihres Beispiels vermeiden könnten.

AUFGABE 3.2

Was sollte man im Einleitungstext eines Fragebogens/Anschreibens erwähnen?

AUFGABE 3.3

Was ist bei der Gestaltung und beim Layout von Online-Befragungen zu beachten? Begründen Sie, warum diese Aspekte wichtig sind.

AUFGABE 3.4

Berechnen Sie für folgendes Beispiel die unkorrigierten und die korrigierten Trennschärfen aller Aussagen. Die Antwortvorgaben sind auf einer Skala von 1 („überhaupt nicht“) bis 4 („sehr oft“) beschrieben. Interpretieren Sie die Ergebnisse im Hinblick auf die Güte.

Ich achte darauf, dass ich genug Wasser trinke.	Ich achte darauf, dass ich genug Obst esse.	Ich achte darauf, dass ich mich genug bewege.
1	2	1
3	4	3
2	2	2
1	2	3
2	2	1

Mögliche Lösungen zu den Aufgaben zur Selbstüberprüfung finden Sie auf den Seiten 144–154.

4 Konstruktion eines Leitfadens

In diesem Kapitel erfahren Sie, wie Sie einen Leitfaden für ein mündliches Interview erstellen können. Sie kennen eine Auswahl an Designs und Techniken, die bei persönlichen Face-to-Face-Interviews sowie bei telefonischen Befragungen zu berücksichtigen sind. Die Hinweise zur Pretestung von Leitfäden zeigen Ihnen die wesentlichen Unterschiede zur Pretestung von Fragebögen auf und geben Ihnen einen Einblick in die qualitative Sicherung der Güte Ihres Leitfadens. Nach Bearbeitung dieses Kapitels trauen Sie sich die Erstellung eines eigenen Leitfadens zu.

4.1 Aufbau und Umfang

Der Einsatz eines schriftlichen Fragebogens geht in der Regel mit einem hohen Grad an Standardisierung einher. Neben der genauen Festlegung der Fragen werden auch die Antwortmöglichkeiten formuliert. Meistens verzichtet man im Rahmen einer Fragebogenerhebung weitestgehend auf offene Antwortformate, da sie mit einem großen Auswertungsaufwand seitens des Forschers einhergehen (vgl. Kapitel 2). Die Standardisierung hilft dabei, Fehler zu kontrollieren. Deshalb sollte auch im Rahmen einer mündlichen Befragung mittels eines Leitfadens die Standardisierung möglichst hoch ausfallen. Neben dem Ablauf der Befragung sollten auch die Handlungen der Interviewer möglichst konkret festgelegt werden (vgl. Möhring/Schlütz, 2013, S. 189). Der Interviewer ist selbst Bestandteil der Befragungssituation, da er in unmittelbarem Kontakt mit dem Befragten steht und die Kommunikation führen muss. Zwangsläufig muss der Interviewer sich darauf vorbereiten, wie er konkret vorgehen möchte, wenn die Erzählungen beim Befragten beispielweise ins Stocken geraten oder wie er den Befragten in seinen Antworten möglichst auf den Leitfaden ausrichtet. Aufbau und Umfang eines Leitfadens können sich somit auf die gesamte Kommunikation und demzufolge auch auf mögliche Störungen auswirken. Selbst wenn eine gute Operationalisierung der Themen und eine „gute" Frageformulierung umgesetzt wurde, können die Instruktion und die Reihenfolge der Fragen zu etlichen unerwünschten Effekten führen. Gleichzeitig führen aber auch verbale und nonverbale Handlungen des Interviewers (z. B. Gestik und Mimik) zu unvorhersehbaren Reaktionen des Befragten, sodass bestimmte Verhaltensgrundsätze beachtet werden müssen, die nur in mündlichen Befragungen relevant sind.

Verhaltensgrundsätze für eine standardisierte mündliche Befragung

1. Der Interviewer muss sich genau an die Formulierung und Reihenfolge der Fragen halten.
2. Der Interviewer sollte immer nur eine Frage nach der anderen und nicht zwei oder mehrere Fragen zeitgleich stellen. Sofern der Befragte auf manche Fragen nicht antworten kann bzw. möchte, wird mit der nächsten Frage fortgefahren.
3. Warum-Fragen sollten möglichst reduziert eingesetzt werden, weil sie bei den Befragten einen Rechtfertigungs- und Erzählzwang auslösen können.
4. Der Interviewer darf dem Befragten keine weiteren Informationen (außerhalb des Leitfadens) geben.
5. Wenn der Befragte ausdrücklich weitere Informationen zur Klärung einer Frage erwartet, sollte der Interviewer neutral und im Sinne der Fragenklärung antworten.
6. Der Interviewer muss gewährleisten, dass er die Antworten des Befragten richtig verstanden hat.
7. Antwortet der Befragte unpassend zur Frage, muss der Interviewer neutral nachfragen und die Frage wiederholen.
8. Fragen und Antworten müssen wiederholt werden, wenn es der Befragte wünscht.
9. Der Interviewer darf bei Nachfragen keinen suggestiven Einfluss ausüben.

Die beschriebenen Verhaltensgrundsätze sind durchaus schwierig umzusetzen und verlangen viel Erfahrung. Nehmen wir z. B. den Verhaltensgrundsatz 1 genauer unter die Lupe, so kann es in manchen mündlichen Befragungssituationen sehr schwierig sein, sich genau an die Frageformulierung zu halten. Sollten Befragte die Frage nicht verstehen, müsste der Interviewer diese zwangsläufig in seinen eigenen Worten umformulieren. Dieses stellt jedoch schon einen subjektiven Einfluss des Interviewers dar. Eine Pretestung kann helfen, alternative Frageformulierungen zu finden.

ÜBUNG 4.1

Überlegen Sie, welche Probleme bei der Umsetzung des 6. Verhaltensgrundsatzes auftreten können.

TIPP:

Denken Sie bei dieser Übung daran, wie Sie selbst versuchen würden, den Verhaltensgrundsatz umzusetzen. Welche Techniken würden Sie anwenden, um sicherzugehen, dass Sie die Befragten richtig verstanden haben? Gibt es bei diesen Techniken mögliche Schwierigkeiten, die auftauchen könnten? Sie können bei dieser Übung deshalb gerne auch positive Aspekte hervorheben und diese dann kritisch im Hinblick auf mögliche Fehler reflektieren.

Ein weiteres Beispiel dafür, dass Verhaltensgrundsätze schwierig umzusetzen sind, bezieht sich auf die Antworten des Befragten (vgl. Praxisbeispiel 4.1).

PRAXISBEISPIEL 4.1

Nehmen wir an, ein Befragter antwortet auf eine Frage so, dass damit bereits eine andere noch folgende Frage ebenfalls beantwortet wird. Der Interviewer muss dann darauf geeignet reagieren, indem er die Antwort übernimmt oder die Frage an späterer Stelle erneut stellt.

Eine völlige Standardisierung der mündlichen Befragung ist vollkommen abwegig. Mögen die meistens Verhaltensrichtlinien noch durch eine geeignete Schulung oder auch durch Pretestung kontrollierbar sein, so sind spätestens die Verhaltensgrundsätze 5. und 9. kaum zu 100 % standardisierbar. Es findet immer eine Beeinflussung zwischen Interviewer und Befragtem statt.

MERKSATZ

Der Befragte wird immer durch Aktionen des Interviewers beeinflusst, sei es durch Pausen, Rückfragen oder Fragebogeninstruktionen. „Das Ziel kann also nicht darin bestehen, jegliche Beeinflussung zu tilgen, sondern *keine andere* Lenkung zuzulassen als die beabsichtigte, durch Interviewerregeln und Schulung festgelegte" (Bänziger, 2009, S. 109).

Vor jeder mündlichen Befragung sollten somit praktische Schulungen der Interviewer stattfinden, um Handlungsalternativen genauer bestimmen zu können. Neben diesen praktischen Überlegungen sollten dabei aber genauso die theoretischen Inhalte bestimmt werden. Die Forschungsinhalte müssen genau operationalisiert werden, die Übersetzung in „gute" Frage- und Antwortformulierungen muss erfolgen und die konkrete Abfolge der Fragen in der Telefon-Befragung bzw. dem Face-to-Face-Interview muss bestimmt sein. Ob es sich um eine mündliche oder um eine schriftliche Befragung handelt, spielt an dieser Stelle keine Rolle. Die Fragen müssen in beiden Befragungsformen motivierend, passend zur Zielgruppe und spannend gestellt werden. Die Inhalte sollten blockweise abgefragt mit einer geeigneten Überleitung in neue Themengebiete erfolgen, und einfache Abschlussfragen sollten das Ende der Befragung einleiten (vgl. Kapitel 3.1). Vorab sollte eine Ansprache der Befragten erfolgen, d. h. auch in einer mündlichen Befragung muss geklärt werden, wer befragt, was Gegenstand der Befragung ist und warum gerade diese Zielgruppe so wichtig für die Befragung ist (vgl. Kapitel. 3.2). Durch ein Anschreiben per Post oder eine vorherige telefonische Kontaktaufnahme lassen sich diese Fragen und die Teilnahmebereitschaft zur Befragung klären.

Besonderheiten beim Aufbau und Umfang von Face-to-Face-Interviews

Bereits in Kapitel 2.2.2 haben Sie die wichtigsten Grundfragen zum Aufbau eines Interviews kennengelernt. Neben erzählungsgenerierenden Fragen und Möglichkeiten der Paraphrasierung sowie der Aufrechterhaltung stellen die klassischen Steuerungsfragen die Kerninhalte des Leitfadens dar. Ein Interview beginnt in der Regel mit allgemeinen Inhalten zur Fragestellung und der Wichtigkeit des einzelnen Befragten für die Forschungsfrage. Auch sollte der Interviewer sich vorstellen und für eine angenehme Gesprächsatmosphäre sorgen. Dazu gehören Fragen, die die Nervosität des Befragten abbauen und zu einem lockeren Einstieg – im Sinne eines Smalltalks – verhelfen (vgl. Döring/Bortz, 2016, S. 366). Dabei ist ein Smalltalk nicht unbedingt als ein Einstieg mit inhaltsleeren Sätzen zu verstehen. Vielmehr kann eine persönliche Ebene erreicht werden, die Vertrauen und eine Ungezwungenheit gegenüber dem Befragten signalisieren soll. Im Leitfaden kann für den Interviewer ein Raster festgehalten sein, welches ihn bei der Begrüßung und Einleitung in die Befragung unterstützt (vgl. Praxisbeispiel 4.2).

PRAXISBEISPIEL 4.2

Beispiel für ein Einleitungsraster in einem Leitfaden (vgl. Mayer, 2008, S. 45)

Schulautonomie an Hauptschulen

InterviewerIn: .... Datum: ....

Schule: .... LehrerIn:.................

- Vorstellung (Name, Institution)
- Darlegung der Ziele der Befragung
- Zusammenarbeit mit der Schulbehörde betonen
- um eine Tonaufnahme ersuchen
- auf die Anonymität der Befragung verweisen

Der Leitfaden sollte – im Vergleich zu einem schriftlichen Fragebogen – möglichst kurz ausfallen. Da die Beantwortung der Fragen meistens länger dauert, sollte der Interviewer von einer zu großen Fülle von Informationen im Leitfaden absehen (vgl. Mayer, 2008, S. 44). Nach den Fragen zum Themenbereich können ggfs. Rückfragen bzw. Filterfragen des Interviewers gestellt werden. Gegen Ende des Interviews werden dann meistens die demografischen Fragen gestellt, um einen Halo-Effekt zu vermeiden und die Motivation des Befragten aufrechtzuerhalten bzw. zu steigern (vgl. Kapitel 3.1). Prinzipiell können Leitfäden – je nach Grad der Standardisierung – sehr unterschiedlich ausfallen. Manche Leitfäden sind gestaltet wie ein schriftlicher Fragebogen, andere Leitfäden enthalten nur die Fragen und Hinweise für den Interviewer, wieder andere enthalten nur die Themenblöcke (ohne Ausformulierung der Fragen), z. B. Gründe für die Berufswahl oder die Stimmung im Kollegenkreis. Höher standardisierte Leitfäden geben eine größtmögliche Sicherheit bei der Kontrolle der Fehler. Im persönlichen Interview können hierfür zusätzlich auch noch weitere Elemente Anwendung finden. So kann der Leitfaden mit visuellen oder auditiven Hilfen versehen werden, d. h. die Personen können optisch oder auditiv – z. B. auf Grundlage von Bildern oder Hörmaterial – zu Antworten angeregt werden. Diese Möglichkeit ist in einer Telefon-Befragung ausgeschlossen.

Besonderheiten beim Aufbau und Umfang von Telefon-Befragungen

Telefonische Befragungen sollten nur für Fragestellungen Anwendung finden, die in einem kurzen Gespräch (max. zehn Minuten) beantwortet werden können. Weitere zehn Minuten sollten für die Begrüßung, Vorstellung und Verabschiedung des Interviewers reserviert sein (vgl. Döring/Bortz, 2016, S. 392). Der Umfang einer Telefon-Befragung ist – im Vergleich zu einem Face-to-Face-Interview – geringer. Inhaltliche Frageblöcke sollten kleiner und offene Antwortmöglichkeiten reduzierter eingesetzt werden (vgl. Mayer, 2008, S. 102). Es sollte ebenfalls darauf geachtet werden, dass relativ wenige Antwortvorgaben vorgelesen werden, da die Befragten diese nicht visuell vorliegen haben, sondern aus dem Gedächtnis antworten müssen. Mittlerweile erfolgt der Ablauf der Telefon-Befragung computergestützt (CATI = Computer Assisted Telephone Interviewing). Von der Generierung der Telefonnummern bis zur Durchführung der Befragung (einschließlich der Dateneingabe) wird der Interviewer technisch unterstützt. Bevor die technische Unterstützung jedoch beginnen kann, muss der Interviewer den Erstkontakt zum Befragten herstellen. Auch den ersten Kontakt kann er ebenfalls auf Basis seines Leitfadens genau strukturieren (vgl. Praxisbeispiel 4.3).

PRAXISBEISPIEL 4.3

Ein strukturiertes Vorgehen für den Erstkontakt bei einer Telefon-Befragung zum Thema Hausarztmodelle im Meinungsbild der Bevölkerung kann folgendermaßen aussehen (Dieterich, 2000, S. 54 f.):

„Einleitung:

Guten Abend, mein Name ist Anja Dieterich, ich rufe Sie aus der Abteilung Allgemeinmedizin der Universität Göttingen an. Wir machen zurzeit eine telefonische Befragung zur Gesundheitsversorgung in Deutschland. Uns interessiert die Meinung Ihres Haushaltes zu diesem Thema. Und da wir die Teilnehmer rein zufällig auswählen, möchte ich gerne die Person aus Ihrem Haushalt befragen, die zuletzt Geburtstag hatte. Können Sie mir da weiterhelfen? Dürfte ich Sie dann einen Augenblick lang befragen? Das Interview nimmt knapp 10 Minuten in Anspruch, und es sind keine Vorkenntnisse notwendig! (Möglichst schnell mit dem Fragebogen beginnen!)

- **zusätzlich möglicherweise nötig:**
  Falls zweite Person ans Telefon kommt: Text angepasst wiederholen; und Ich wurde da an Sie verwiesen ...?!
- **Fragen beantworten nach Antwortvorgaben**
  - **Termin vereinbaren:** Dürfte ich Sie zu einem anderen Zeitpunkt nochmal anrufen? Wann kann ich Sie denn am besten erreichen? bzw.: Wann kann ich die Person, die zuletzt Geburtstag hatte, denn am besten erreichen? (d .h. Erlaubnis für Wiederanruf einholen) Unsere Dienstzeiten sind zwischen 17 und 21 Uhr? Ggf.: Passt es (Ihnen) z. B. am ...um ...?
  - **Wenn Zielperson zögert:** Sonst würde ich Ihnen vorschlagen, dass wir erstmal mit einigen Fragen beginnen, und Sie dann Bescheid sagen, wenn Sie nicht weitermachen möchten ...!?
  - **Wenn Zielperson verweigern will:** Ich kann Ihnen auch anbieten, dass ich Ihnen zunächst einen Informationsbrief zusende, und Sie sich danach entscheiden, ob Sie bei unserer wissenschaftlichen Befragung mitmachen möchten ...!?"

MERKSATZ

Der Leitfaden stellt für den Interviewer eine Befragungshilfe dar, die eine klare Struktur vorgibt und mögliche Reaktionen berücksichtigt.

Bei mündlichen Befragungen müssen im Ablauf und Umfang stets allgemeine Aspekte der Kommunikation berücksichtigt werden: Die Interviewer müssen gut zuhören und durch ihre Sprache (ggf. auch Körpersprache) auf den Befragten eingehen können, zur richtigen Zeit die richtigen Fragen stellen und den Befragten als auch sich selbst immer auf die Fragestellung hin fokussieren bzw. lenken (vgl. Hussy et al., 2013, S. 229). Strukturell unterscheidet sich die Konstruktion eines Leitfadens jedoch nicht von der Konstruktion eines Fragebogens. In der Literatur wird sogar von einem „SPSS-Prinzip des Leitfadens" gesprochen, welches nicht grundlos an das Statistiksoftwareprogramm SPSS erinnert. S steht in diesem Kontext aber für den Begriff Sammeln (von möglichst vielen Fragen), das P steht für Prüfen (Strukturierung der gesammelten Fragen nach inhaltlichen Aspekten) und die letzten beiden S für Sortieren (den Aufbau des Leitfadens festlegen) und Subsummieren (einzelne Inhalte zu einfachen Erzählfragen zusammenfassen) (vgl. Lamnek, 2010, S. 322).

LESEHINWEIS

Einen detaillierten Einblick in den Ablauf von Interviews, den Umgang mit schwierigen Befragungspersonen, Interviewerfehlern und unterschiedlich standardisierten mündlichen Interviewmethoden erhalten Sie in dem Kapitel *Interview* im Buch von Döring und Bortz (2016): *Forschungsmethoden und Evaluation* auf den Seiten 356–397.

4.2 Design

Das Design eines Leitfadens sollte so gestaltet sein, dass der Interviewer die mündliche Befragung möglichst ohne formale Schwierigkeiten durchführen kann. Während beim schriftlichen Fragebogen die ästhetische Qualität eine wichtige Rolle spielte, sollte der Leitfaden insbesondere eine leichte Handhabung für den Interviewer ermöglichen (vgl. Porst, 1998, S. 33). Das Praxisbeispiel 4.4 gibt einen Einblick in einen strukturierten Leitfaden für ein persönliches Face-to-Face-Interview.

PRAXISBEISPIEL 4.4

Ausschnitt aus einem Interviewleitfaden (Kromrey, 2002, S. 382):

7.3.5 *Beispiel für einen Fragebogen* *(mündliches Einzelinterview)*

Projekt „Wohnverhalten als Kriterium bedarfsgerechten Bauens", durchgeführt für .....

(Hinweis für den ***Interviewer***: Wenn eckige Kästchen, Code-Ziffern einsetzen; wenn Ziffern vorgedruckt, Zutreffendes einkreisen)

Vom ***Interviewer*** auszufüllen:	Wohngebiet Nr.:	☐☐
Hinweis für den ***Interviewer***: Zielpersonen sind	Interviewer Nr.:	☐☐
nur der Haushaltsvorstand oder sein Ehepartner!	lfd. Nr. des Interviews:	☐☐

(Es folgen einleitende Erläuterung für den Befragten)

Frage 1: Mit wem leben Sie zusammen in einem Haushalt?

	Befragter lebt ...	allein	0
		zusammen mit Ehepartner	1
		zusammen mit Kindern	2
(***Interviewer***:		zusammen mit Geschwistern	3
Mehrfachnennungen		zusammen mit Eltern	4
möglich!)		zusammen mit sonstigen Verwandten	5
		zusammen mit anderen Personen	6

Frage 2: Wie viele Personen sind das insgesamt? ☐☐

Frage 3: Wie groß ist die Wohnfläche, die Ihnen – also dem gesamten Haushalt – zur Verfügung steht?
Bitte Angabe in Quadratmetern! qm ☐☐☐

Frage 4: Wie viele Zimmer bewohnen Sie (zusammen mit Ihrer Familie und den übrigen Haushaltsmitgliedern)?
Gemeint sind alle Wohn- und Schlafräume einschließlich Küche; *nicht* mitzurechnen sind Badezimmer, WC, Kellerräume usw . ☐☐

Frage 5: Was für Zimmer sind das?
Bitte bezeichnen Sie die Zimmer danach, wie sie genutzt werden (also z.B. Küche, Wohnküche oder Elternschlafzimmer, Schlafzimmer der Oma oder Kinderzimmer, Gästezimmer usw.)

(***Interviewer***: ....
Sämtliche Angaben ....
genau notieren und ....
kontrollieren, ob alle ....
Zimmer aufgeführt ....
worden sind; vgl. Frage 4) ....

Abb. 4.1: Ausschnitt eines Interviewleitfadens

LESEHINWEIS

Ein Beispiel für einen ausführlicheren halbstandardisierten Leitfaden zum Thema Wohnformen und Versorgungssituation im Alter von Lamnek (2010) finden Sie im Internet unter: http://www.beltz.de/fileadmin/beltz/downloads/OnlinematerialienPVU/Qualitative_Sozialforschung/Beispielleitfaden.pdf (20.04.2016)

Im Rahmen der psychologischen Diagnostik wird beispielsweise relativ häufig auf standardisierte Interviewleitfäden zurückgegriffen. Im Kontakt mit dem Patienten bzw. Klienten wird dann ein Fragenkatalog durchgegangen, der z. B. Rückschlüsse auf das Ausmaß einer psychischen Störung geben soll. Das diagnostische Interview bei psychischen Störungen (= DIPS) (Margraf et al., 1991) stellt ein solches Vorgehen in den Vordergrund. Anhand ausgewählter Fragen werden Ausschnitte eines Paniksyndroms im mündlichen Einzelgespräch erörtert.

PRAXISBEISPIEL 4.5

Beispiel für einen Interviewleitfaden in der Klinischen Psychologie (Margraf et al., 1991, S. 5):

ANGSTANFÄLLE/PANIKSYNDROM

** 1. Gab es Zeiten, in denen Sie ganz plötzlich einen Ansturm intensiver Angst oder Furcht oder das Gefühl eines drohenden Unglücks spürten?*

JA__ NEIN __

Falls NEIN, weiter zur Agoraphobie (S. 11)

** 2. In welchen Situationen hatten Sie diese Gefühle?*

____

____

** 2.1 Entstanden diese Gefühle „aus heiterem Himmel" oder während Sie alleine zuhause waren oder in Situationen, in denen Sie nicht erwarteten, dass sie auftreten?* **JA__ NEIN __**

Falls der Patient andeutet, dass die Paniksymptome nur in spezifischen Situationen auftreten (z.B. öffentliches Sprechen, Höhen, Autofahren usw.), ist zur Abgrenzung von einer Sozialphobie oder einer Agoraphobie ohne Anamnese von Panikanfällen eine weitere Befragung notwendig, um zu bestimmen, ob die Symptome unmittelbar bei Konfrontation mit der Situation auftreten (Fragen 2.2, 2.3).

** 2.2 Traten Ihre Angstanfälle nur in Situationen auf, in denen Sie mit anderen Personen zusammen waren (z.B. beim öffentlichen Sprechen)?*

JA__ NEIN __

** 2.3 Wenn Sie der (phobischen) Situation ausgesetzt sind, entsteht dann die Angst in dem Moment, in dem Sie sich der Angst aussetzen bzw. kurz davor oder entsteht sie manchmal später oder unerwartet (ganz ohne Zusammenhang mit der Situation)?*

verspätet: JA__ NEIN __

Falls JA bei 2.2 oder NEIN bei 2.1 oder 2.3, weiter zu Agoraphobie, S. 11)

** 3. Wie lange dauert es gewöhnlich, bis der Angstanfall intensiv wird?* (mindestens 4 Symptome) **__ Minuten**

** 4. Wie lange bleibt die Angst gewöhnlicherweise auf ihrem Höhepunkt?* **__ Minuten**

** 5. Wann waren die Angstanfälle am schlimmsten?* **VON __ BIS __**

** 5.1 Wie häufig waren die Angstanfälle während dieses Zeitraums?*

____

** 5.2. Warum empfanden Sie die Angstanfälle in diesem Zeitraum als am schwersten (waren sie besonders häufig, intensiv etc.)?*

____

Abb. 4.2: Ausschnitt eines Interviewleitfadens

Der Leitfaden sollte aber nicht nur gut strukturiert sein, sondern das Design eines Leitfadens bezieht sich bei mündlichen Befragungen auch auf allgemeine kommunikative Techniken, die der Interviewer einsetzen kann. Diese Techniken können die Befragungen mittels Leitfadens stützen und die Befragten in ihren Antworten fördern.

Besonderheiten beim Design von Face-to-Face-Interviews

Während eines Face-to-Face-Interviews kann der Interviewer seine Präsenz als zusätzliches Instrument nutzen, um der Befragung mehr Struktur zu ermöglichen. Folgende Techniken stellen dabei eine Auswahl dar:

1. Pausen
   Durch Pausen des Interviewers während der mündlichen Befragung wird der Befragte implizit dazu aufgefordert, seine Antwort fortzusetzen oder von sich aus nachzufragen, ob die schon geäußerte Antwort ausreicht (vgl. Bänziger, 2009, S. 111).

2. Bestätigungslaute
   Der Interviewer kann durch Bestätigungslaute dem Befragten signalisieren, dass er zuhört. Diese können, wie Pausen, ebenfalls den Gesprächsfluss des Befragten fördern und seine Motivation erhöhen.

PRAXISBEISPIEL 4.6

Der Interviewer könnte mit einem „ja“, einem „ok“ oder einem „mhm“ den Befragten motivieren.

3. Proben
   Führen Bestätigungslaute nicht zum Ziel, kann der Interviewer direkt nachfragen. Dabei sollte er auf eine positive Formulierung achten (vgl. Bänziger, 2009, S. 112).

PRAXISBEISPIEL 4.7

Der Interviewer könnte fragen: „Fällt Ihnen noch etwas zu diesem Thema ein?“ oder „Gibt es noch weitere Aspekte, die Ihnen dazu einfallen?“ Er sollte jedoch auf die Formulierung „Sonst nichts mehr?“ verzichten, da diese bereits die Antwort „ja“ vorwegnehmen und von weiteren Ausführungen des Befragten abhalten könnte.

4. Spezifizieren und Paraphrasieren
   Bereits in Kapitel 2.2.2 wurde auf diese beiden Techniken verwiesen. Während die Spezifikation einen Zuschnitt zum Leitfaden darstellt und die Befragten in die nächste gewünschte Fragestellungsrichtung lenkt, stellt das Paraphrasieren eine Zusammenfassung der bisherigen Antworten aus Sicht des Interviewers dar.

PRAXISBEISPIEL 4.8

Das Spezifizieren kann bei standardisierten Leitfäden auch eine Lenkung in Richtung einer Antwortvorgabe darstellen. Nehmen wir an, dass ein Befragter eine Antwort nennt, die nicht in den Antwortvorgaben des Leitfadens enthalten ist. Beispielsweise wünscht sich der Interviewer eine Aussage von „0 %–100 % zutreffend“. Der Befragte antwortet aber: „Irgendwo zwischen 10 % und 20 %“. Der Interviewer könnte dann den Befragten bitten, seine Antwort an den Antwortvorgaben zu spezifizieren und sich für eine ganze Zahl zwischen „10 % und 20 %“ zu entscheiden.

5. Strukturieren
   Bei mündlichen Befragungen ist immer die Gefahr, dass Befragte mehr erzählen als sie eigentlich sollten. Um dem Befragten zu signalisieren, dass ein Thema abgeschlossen ist und ein neuer Themeninhalt besprochen werden sollte, kann der Interviewer die Technik des Strukturierens einsetzen.

PRAXISBEISPIEL 4.9

Der Interviewer kann den Befragten unterbrechen und freundlich darauf hinweisen, dass das, was er erzählt sehr interessant ist, aber – angesichts der Zeit – leider mit der nächsten Frage fortgefahren werden muss.

ÜBUNG 4.2

Welche weiteren Hinweise könnte der Forscher geben, um das Gespräch zu strukturieren?

TIPP:

Versetzen Sie sich bei dieser Übung in die Lage des Interviewers. Sie haben es mit einer befragten Person zu tun, die Ihnen viel zu viele Informationen gibt und sprichwörtlich „ohne Punkt und Komma" spricht. Was könnten Sie tun, um das Gespräch zu strukturieren? Wie könnten Sie verbal oder auch non-verbal reagieren? Beachten Sie dabei, dass Sie den Befragten nicht vor den Kopf stoßen dürfen. Eine Strukturierung sollte immer empathisch und freundlich erfolgen, um unerwünschte Interviewereffekte zu vermeiden.

Besonderheiten beim Design von Telefon-Befragungen

Die Techniken, die einen Leitfaden im persönlichen Face-to-Face-Interview stützen, können auch in einer Telefon-Befragung nicht schaden. Mit Ausnahme der Pausierung lassen sich alle Techniken anwenden. Von Pausen ist im Rahmen eines Telefonats abzuraten, da die Befragten den Interviewer nicht sehen und so nicht wissen und einschätzen können, wie er zu ihnen steht. Pausen würden an dieser Stelle die Unsicherheit und die mangelnde Antwortbereitschaft noch verstärken (vgl. Bänziger, 2009, S. 111). Eine telefonische Befragung zeichnet sich durch eine geringere Teilnahmebereitschaft aus. Oftmals werden keine postalischen Anschreiben zuvor an die Befragten verschickt, sondern der Erstkontakt findet ebenfalls über das Telefon statt. Mit Reaktionen auf mögliche Bedenken der Befragten ist bei dieser Befragungsform automatisch zu rechnen. Der Interviewer muss wiederrum spontan auf diese Bedenken mündlich reagieren können. Eine Auswahl an möglichen Reaktionen bietet Praxisbeispiel 4.10.

PRAXISBEISPIEL 4.10

Beispiel für einen Leitfaden einer telefonischen Befragung (Bänzinger, 2009, S. 150)

Bereich	konkrete Frage	Reaktion
Dauer	„Wie lange dauert das Interview?“	➢ realistische Interviewdauer angeben ➢ darauf hinweisen, dass interessantes Thema („Zeit geht schnell vorbei“)
	„Dauert es wirklich nur X Minuten?“	➢ bejahen ➢ Angabe durchschnittliche Interviewdauer und Hinweis, dass Interviewdauer vom Bezug zum Thema abhängt
Termin	„keine Zeit“	➢ Termin anbieten/aushandeln
Nutzen	„Was bringt denn das?“ „Wozu macht ihr das?“	➢ wissenschaftliche Forschung/kein kommerzielles Interesse ➢ studentische Ausbildung ➢ vertiefte Kenntnisse zu Thema XY
Kompetenz	„Ich habe keine Ahnung vom Thema.“	➢ Hinweis auf „Repräsentativität“: Jede Person zählt, gerade auch diejenigen, die sich nicht mit dem Thema beschäftigen ➢ nicht schlimm, es gibt keine richtigen oder falschen Antworten
Anonymität	„Was geschieht mit den Angaben?“	➢ Forschungszweck angeben (wiss. Forschung/ Optimierung von XY/Studie im Auftrag von…für…)
	„Woher habt ihr meine Telefonnummer?“	➢ Quelle angeben (Telefonbuch, Liste, Zufall)
	„Das ist ja nicht anonym, ihr habt ja meinen Namen und meine Telefonnummer.“	➢ „Diese persönlichen Daten und deine Antworten auf dem Fragebogen werden vom Computer gleich nach der Befragung getrennt.“

Abb. 4.3: Beispiel eines Telefon-Leitfadens

Kommt es bei der telefonischen Befragung zu einer Teilnahmezustimmung des Befragten, kann der Leitfaden eingesetzt werden. Bei einer standardisierten Befragung könnte der Leitfaden einer Telefon-Befragung wie in Praxisbeispiel 4.11 aussehen.

PRAXISBEISPIEL 4.11

Ausgewählte Aspekte eines Leitfadens der Studie von Dieterich (2000, S. 58):

Gruppe 2:

Ich lese ihnen jetzt mehrere Aussagen zur Gesundheitsversorgung vor. Sagen Sie mir bitte jedesmal, inwieweit die Aussage auf Sie persönlich zutrifft. Verwenden Sie bitte dabei die Zahlen 1 bis 5. 1 bedeutet, die Aussage trifft voll und ganz auf Sie zu. 5 bedeutet, die Aussage trifft überhaupt nicht auf Sie zu. Dazwischen können Sie entsprechend abstufen.

Die erste Aussage:

2.1. Ich bin mit meiner ärztlichen Versorgung vollkommen zufrieden.	□1 □2 □3 □4 □5 □0 (weiß nicht)
2.1.B Warum sind Sie eher nicht zufrieden?	
2.2. Ein Arzt weiß im Krankheitsfall, was das Richtige für mich ist.	
2.3. Ein Arzt überweist mich rechtzeitig, wenn er mir nicht helfen kann.	
2.4. Bei einem Arztbesuch nimmt sich der Arzt im allgemeinen genügend Zeit für mich.	
2.5. Im Allgemeinen befolge ich die Anordnungen eines Arztes.	
2.6. Ich hätte gerne einen Hausarzt, dem ich vertraue und der mich gut berät.	
2.7. Ich will bei einem Arztbesuch auch über persönliche Dinge sprechen können.	
2.8. Es kommt häufig vor, daß Patienten zuviel untersucht und behandelt werden. (auf Nachfrage: im Allgemeinen)	
2.9. Es ist gut, wenn der Arzt als Experte medizinische Entscheidungen für mich trifft.	
2.10. Für die eigene Gesundheit ist jeder selbst verantwortlich.	

(JE NACH INTERVIEWVERLAUF!:) Ich möchte Sie jetzt um Ihre persönliche Meinung bitten:
Es wird in letzter Zeit viel über unser Gesundheitssystem geredet. Was meinen Sie, sollte möglichst alles so bleiben, wie es ist, oder wo würden Sie am ehesten etwas ändern wollen?

Die in diesem Kapitel beschriebenen Leitfäden sind äußerst unterschiedlich aufgebaut. Allen gemeinsam ist die Vorgabe einer gewissen Struktur für den Interviewer. Anhand dieser Struktur orientiert er sich und verwendet den Leitfaden als Hilfestellung für den mündlichen Frage- und Antwortprozess. Richtlinien und Handlungsalternativen für den

Interviewer werden in einem Leitfaden genauso wie Frage- und Antwortformulierungen vorgegeben, um ihm mehr Orientierung zu bieten. Dieses Kriterium der Hinweise für den Interviewer unterscheidet einen schriftlichen Fragebogen von einem Leitfaden.

MERKSATZ

„Gute" Leitfäden enthalten, neben der Frage- (und ggf. Antwort-)formulierung, Verhaltensrichtlinien bzw. Handlungsvorschläge für den Interviewer.

Ohne gezielte weitere Techniken wäre der Interviewer in der konkreten Befragungssituation relativ hilflos. Diese Techniken und Handlungsvorschläge setzen jedoch eine umfangreiche Pretestung an einer repräsentativen Befragtengruppe voraus.

LESEHINWEIS

Einen detaillierten Einblick in die Techniken der Interviewführung erhalten Sie in dem Kapitel *Interviewführung* im Buch von Bänziger (2009): *Telefonbefragung als intersubjektiver Aushandlungsprozess* auf den Seiten 110–114.
Einen detaillierten Einblick in die Techniken der Telefonbefragung erhalten Sie in dem Kapitel *Techniken der Telefonbefragung* im Buch von Bänziger (2009): *Telefonbefragung als intersubjektiver Aushandlungsprozess* auf den Seiten 141–154.

4.3 Pretestung

Pretestungen sind sowohl bei schriftlichen als auch bei mündlichen Befragungsformen unumgänglich. Während zur Vorbereitung von schriftlichen Befragungen oftmals statistische Datenanalysen zur Prüfung der Güte der Fragen und Antworten eingesetzt werden, steht bei mündlichen Befragungen die Prüfung der Kommunikationsstruktur zwischen Interviewer und Befragten im Vordergrund. Jedoch legen beide Befragungsformen sehr viel Wert auf die Klärung der Frageformulierung und das Verständnis der gegebenen Antworten. Der Aufbau des Leitfadens im Hinblick auf eine „gute" Formulierung von Fragen und Antworten (vgl. Kapitel 2), die Reihenfolge der Fragen und Inhalte, die Dauer der Befragung, die Befragungssituation und die Motivation und Aufmerksamkeit des Befragten haben einen wichtigen Einfluss auf den Gesamtverlauf der Befragung (vgl. Kapitel 3.3.3). Statt der Prüfung des Layouts kommt jedoch in mündlichen Befragungen dem Interviewer und seinem Verhalten eine entscheidende Rolle zu: Der Interviewer leitet die gesamte mündliche Befragung und muss daher sein Verhalten und auch das Verhalten des Befragten stets kontrollieren und auf die Fragestellung hin ausrichten.

Die Pretestung überprüft mit Bezug zur Zielgruppe:

1. das Verständnis der Fragen und der verwendeten Sprache
2. das Verständnis der Antworten sowie den Umgang mit den Antwortvorgaben und den Leitfadeninstruktionen
3. den Aufbau des Leitfadens, d. h. die Reihenfolge und Positionierung der Inhalte
4. die Interviewkommunikation und Interaktionen
5. den Umfang des Leitfadens, d. h. die Länge
6. die Dauer der Befragung
7. die Befragungssituation und ggf. technische Ausstattung
8. die Motivation und Aufmerksamkeit der Befragten während der Befragung
9. die Aussagekraft der Ergebnisse

Werden bei schriftlichen Fragebögen häufig statistische Datenanalysen zur Ermittlung der Güte von Fragen und Antworten eingesetzt, können mündliche Befragungen sowohl statistisch als auch qualitativ ausgewertet werden. Es hängt allein von der Konstruktion der Antwortvorgaben und der Zielsetzung des Forschers ab.

ÜBUNG 4.3

Welche Art Fragen und Antworten würden Sie im Rahmen einer Pretestung bei mündlichen Befragungen statistisch auswerten und welche nicht? Nennen Sie je ein Beispiel.

TIPP:

Erinnern Sie sich bei dieser Übung an mögliche Frage- und Antwortvorgaben (vgl. Kapitel 2). Überlegen Sie, welche dieser Vorgaben für die mündliche Befragung besonders geeignet wären. Welche dieser Vorgaben können Sie statistisch berechnen, wenn Sie genügend Personen für eine Pretestung vorliegen haben? Welche dieser Vorgaben würden Sie eher qualitativ, d. h. auf Basis von theoretischen Interpretationen oder bestimmten qualitativen Verfahren, auswerten? Nennen Sie je ein Beispiel für eine Frage- und Antwortformulierung. Den Inhalt können Sie eigenständig auswählen.

Der Ablauf der Pretestung sieht zunächst vor, dass die Interviewer die Befragung durchlaufen und ihre Erkenntnisse in schriftlicher oder mündlicher Form mitteilen. Sofern mehrere Interviewer zum Einsatz kommen, empfiehlt sich eine gemeinsame Sitzung, in der die Interviewer ihre Erfahrungen austauschen (vgl. Prüfer/Rexroth, 1996, S. 6). Probleme können benannt und Lösungsmöglichkeiten gemeinsam erarbeitet werden. Fokusgruppen oder Expertentreffen können die Lösungsfindung unterstützen. Weitere Varianten in der Pretestung sind durchaus möglich. So kann das Verhalten von Interviewer und Befragtem auch auf Basis eines Kodesystems eingeschätzt werden, d. h. entweder bewertet der Interviewer selbst während der Befragung die Situation oder fremde Experten bewerten das Verhalten beider Personen im Interview nach festlegten Kategorien.

PRAXISBEISPIEL 4.12

Nehmen wir an, ein Interviewer verwendet während eines Interviews zwei Kategorien. Kategorie 1 steht für „stimmige Frage bzw. stimmiges Verhalten beim Befragten und Interviewer". Kategorie 2 steht für „unpassende Frage bzw. unpassendes Verhalten des Befragten und/oder Interviewers". Wenn der Interviewer während der Befragung für einen reibungslosen Ablauf der Fragen und Antworten Kategorie 1 mit einer Strichliste versieht, weiß er nach der Befragung, an welchen Stellen das Verhalten und die Fragen gut gelaufen sind. Wenn er genauso mit Kategorie 2 verfährt, kann er sich an problematische Fragen, Antworten und Verhaltensweisen erinnern und entsprechend Frage- oder Handlungsalternativen erarbeiten.

Das Kodesystem kann immer frei gewählt werden. Es empfiehlt sich aber eine kurze Variante mit wenigen Kategorien zu wählen (vgl. Praxisbeispiel 4.12). Bei einem komplexen Kodesystem besteht die Gefahr der Überforderung (vgl. Prüfer/Rexroth, 1996, S. 14). Eine Einschätzung von einer unbeteiligten Person ist deshalb durchaus empfehlenswert. Voraussetzung hierfür ist jedoch eine Tonaufnahme des Interviews. Im Nachhinein wird durch einen neutralen Blickwinkel versucht, Störungen im Kommunikationsprozess und ungeeignete Fragen zu identifizieren.

Der Einsatz eines Kodesystems durch andere Personen birgt einen entscheidenden Vorteil: Der Interviewer kann sich vollkommen auf den Ablauf seiner Befragung konzentrieren während eine fremde Person die Einschätzung der Situation übernimmt.

Wünschenswert wäre eine Kombination mit einer Beobachtungsmethode, denn allein durch auditive Elemente lassen sich oft nicht ausreichend Rückschlüsse auf ein richtiges oder falsches Frageverständnis ziehen.

Eine weitere Variante im Rahmen der Pretestung bezieht den Befragten unmittelbar mit ein. In dieser auch als kognitives Interview bezeichneten Form liest der Interviewer die Fragen und Antworten nochmals vor und bittet den Befragten zu erklären, wie die Antwort zustande kam und welche Aspekte mit der Frage bei der Interpretation verknüpft wurden (vgl. Prüfer/Rexroth, 1996, S. 17). Die Pretestung stellt daher kein festgelegtes standardisiertes Verfahren dar, sondern beinhaltet viele mögliche Methoden (= Multi-Method-Pretesting). Nach Abschluss der Pretestung kann der Forscher für seine Hauptstudie mögliche Rückfragen des Befragten, alternative Formulierungs- und entsprechende Reaktionsweisen des Interviewers bestimmen und somit die Befragung mit einer höheren Standardisierung ausstatten (vgl. Bänziger, 2009, S. 121, Döring/Bortz, 2016, S. 411). Durch eine höhere Standardisierung erzielt der Forscher automatisch bessere Ergebnisse zur Gewährleistung der Reliabilität und Validität seiner Studie.

Einschätzung der Güte mündlicher Befragungen

Sofern der Forscher einen Leitfaden standardisiert einsetzt und die Antwortvorgaben dem Befragten zur Auswahl stellt, kann er die Güte seiner mündlichen Befragung entsprechend den schriftlichen Befragungen berechnen (vgl. Kapitel 3.4). Sofern es sich um einen halbstandardisierten Leitfaden handelt, der beispielsweise nur die Reihenfolge und Formulierung der Fragen berücksichtigt, muss der Forscher sehr transparent arbeiten und sicherstellen, dass er die Antworten richtig verstanden hat. Eine Pretestung kann an dieser Stelle eine erste wichtige Einschätzung darstellen, jedoch muss der Forscher auch während seiner Hauptstudie äußerst aufmerksam sein, reflexiv dokumentieren und seine Interpretationen immer mit dem Verständnis der Befragten abgleichen (vgl. Mayer, 2008, S. 56 f.).

LESEHINWEIS

Einen detaillierten Einblick in die Pretestung bei telefonischen Befragungen erhalten Sie in dem Kapitel *Rekrutierung, Schulung und Supervision* im Buch von Bänziger (2009): *Telefonbefragung als intersubjektiver Aushandlungsprozess* auf den Seiten 155–173.

Zusammenfassung

Bei der Konstruktion eines Leitfadens gelten größtenteils die gleichen Grundsätze wie bei der Konstruktion eines Fragebogens. Die Fragen und Antworten müssen gut formuliert werden, der Aufbau ansprechend und motivierend für die Zielgruppe gestaltet sein und unerwünschte Fehler möglichst vorab unter Kontrolle gebracht werden. Postalische oder telefonische Ankündigungen der Befragung sind empfehlenswert. Lediglich der direkte Kontakt zwischen Interviewer und Befragten im Rahmen von mündlichen

Befragungen bedingt besondere Kommunikationstechniken, die der Interviewer möglichst zur richtigen Zeit empathisch einsetzen sollte. Befragte müssen in Telefon-Befragungen erstmal erreicht werden und können den Kommunikationsprozess durch Nachfragen stören. Auch in Face-to-Face-Interviews muss der Interviewer stets auf andere Fragen unabhängig vom Forschungsthema gefasst sein. Das nonverbale Verhalten des Interviewers kann sich nämlich unmittelbar auf die Antworten des Befragten auswirken. Durch eine gute Schulung und eine Pretestung können wichtige Rückschlüsse über den Aufbau, Umfang und das Design des Leitfadens gezogen werden.

Nicht immer erfolgt eine mündliche Befragung standardisiert, sodass der Forscher einfach nur Fragen und Antworten vorlesen und die verbalen Anweisungen umsetzen muss. Auch weniger ausformulierte Themenschwerpunkte und eine grobe Reihenfolge des Frageablaufs sind denkbar (vgl. Porst, 1998, S. 14 f.). Eine Pretestung stattet den Forscher mit Formulierungsalternativen und Reaktionsweisen aus, sodass er in der Hauptstudie eine größtmögliche Sicherstellung der Reliabilität und Validität erzielt. Auch in dieser Hinsicht hat der Leitfaden viele Gemeinsamkeiten mit einem schriftlichen Fragebogen. In der Literatur wird sogar von einem „SPSS-Prinzip des Leitfadens" gesprochen (Lamnek, 2010, S. 322). In dieser Definition sind nur die Fragen, nicht die Antworten Gegenstand der Betrachtung. Dennoch kann das „SPSS-Prinzip eines Leitfadens" durchaus auch für Fragebögen gelten.

Aufgaben zur Selbstüberprüfung

AUFGABE 4.1

Nennen Sie fünf Verhaltensrichtlinien, die im Rahmen einer mündlichen Befragung für den Forscher wichtig sind. Begründen Sie, warum er diese einhalten sollte.

AUFGABE 4.2

Wie könnte der Forscher reagieren, wenn er eine Telefon-Befragung umsetzen möchte, die Zielperson aber zögert, teilzunehmen?

AUFGABE 4.3

Bewerten Sie folgenden Ausschnitt aus einem Interviewleitfaden (Margraf et al. 1991, S. 8.):

** 9.4 Wann hatten Sie zum ersten Mal vier Angstanfälle in vier Wochen oder machten sich mindestens vier Wochen ständig Sorgen, einen weiteren Angstanfall zu haben?*

Monat__ Jahr __

** 9.5 Wie stark haben Sie sich im letzten Monat Sorgen gemacht, bzw. wie ängstlich waren Sie, einen weiteren Angstanfall zu bekommen?*

0.........1.........2.......3.........4.........5.........6.........7.........8

0	2	4	6	8
keine Sorge/ keine Angst	selten besorgt/ keine Angst	gelegentlich besorgt/ mäßige Angst	häufig besorgt/ schwere Angst	ständig besorgt/ extreme Angst

** 10. Gab es Zeiten, in denen Sie mit einem Angstanfall aus dem Schlaf erwachten?*

JA__ NEIN __

Falls JA: Wann geschah das? **VON__ BIS __**

Wie oft? **__ pro Nacht __Nächte in der Woche**

** 11.1 Haben Sie vor einem Angstanfall bestimmte Gedanken?*

____

** 11.2 Haben Sie während eines Angstanfalls bestimmte Gedanken?*

____

AUFGABE 4.4

Worin unterscheidet sich die Pretestung beim Vergleich der schriftlichen und mündlichen Befragung?

Mögliche Lösungen zu den Aufgaben zur Selbstüberprüfung finden Sie auf den Seiten 144–154.

Schlussbetrachtung

Die Konstruktion eines Fragebogens oder eines Leitfadens umfasst weitaus mehr Aspekte als man zunächst denkt. Formale Kriterien der Formulierung müssen eingehalten und auch das Repertoire der Antwortmöglichkeiten muss bedacht und gut ausgewählt werden. Forscher machen zwangsläufig Fehler und erst mit umfangreicher Erfahrung oder Pretestungen steigt auch die Qualität der Befragung. Unerfahrene Interviewer können in mündlichen Befragungen sehr viele Fehler begehen, wenn sie noch zu unsicher in der Kommunikation sind. Aber auch in schriftlichen Befragungen können Probleme auftreten. Beispielsweise kann allein das Medium der schriftlichen Befragung (z. B. online oder postalisch) bestimmte Fehler bedingen, z. B. eingeschränkte Lesbarkeit bei Online-Befragungen, ungeeignete Auswahl des Online-Tools oder eine fehlerhafte Formulierung des postalischen Anschreibens. Nicht nur bei der Planung und Durchführung der Befragung sind unerwünschte Effekte möglich, auch die Auswertung kann, je nach gewähltem Standardisierungsgrad, mit mehr oder weniger Schwierigkeiten behaftet sein. Werden beispielsweise halboffene oder offene Antworten in einem Fragebogen oder Leitfaden konstruiert, ergibt sich für den Forscher oftmals das Problem der ökonomischen Auswertung. Die Antworten müssen entweder per Hand in ein statistisches Datenanalyseprogramm übertragen oder mit sinnvollen Auswertungsmethoden der qualitativen Forschung interpretiert werden. Online-Befragungen, die die Daten so speichern, dass sie unmittelbar in eine Software (z. B. PSPP oder EXCEL) übertragen werden können, sind durchaus vorteilhafter. Die Übertragung der Daten per Hand setzt nämlich nicht nur ein Kodierungssystem, sondern auch hohe zeitliche Ressourcen des Forschers voraus. Außerdem ist die Gefahr von falschen Kodierungen nicht ganz auszuschließen, denn auch dem Forscher können Flüchtigkeitsfehler unterlaufen. In der zusammenfassenden Tabelle 4.1 werden die wichtigsten Checkfragen und groben Fehlermöglichkeiten genannt, um Ihnen bei der Konstruktion Ihrer Befragung eine Orientierung zu geben.

Tabelle 4.1: Checkfragen und mögliche Fehler bei Befragungen

Checkfrage	mögliche Fehler
Was möchte ich untersuchen?	unklare Fragestellung und Unwissenheit des Forschers
Mit welcher Befragungsform kann ich die Fragestellung am besten repräsentieren?	falsche bzw. unpassende Auswahl der Befragungsform
Wen spreche ich mit meiner Fragestellung an?	Befragungsform passt nicht zur Zielgruppe
Wie kann ich meine Fragestellung in Fragen übersetzen?	Fehler bei der Frageformulierung z. B. nicht eindeutig, suggestiv, zu lang
Welche Antworten passen zu meinen Fragen?	Fehler bei der Antwortformulierung z. B. nicht gesättigt, zu lang, passt nicht zur Zielgruppe
Wie platziere ich meine Fragen und Antworten?	Fehler bei dem Aufbau (z.B. Halo-Effekt, heikle Fragen zu Beginn)
Wie viele Fragen sind sinnvoll?	Fehler bei dem Umfang des Frage- bzw. Leitfadens z. B. zu lang bedingt eine hohe Ausfallquote
Wie setze ich das Design bzw. Layout um?	Fehler bei dem Design und Layout z. B. zu unübersichtlich
Welche Instruktionen wähle ich?	Fehler bei den Instruktionen z. B. zu lang, unklar für die Zielgruppe
Wie erreiche ich meine Befragten?	Fehler bei der Kontaktierung z. B. Fehler im Anschreiben, falsche Techniken bei dem Eingangsgespräch zu einer Telefon-Befragung
Wie gehe ich mit Störungen während der Befragung um?	Fehler des Interviewers z. B. falsche Techniken beim Nachfragen
Wie übertrage ich die Daten?	Fehler bei der Dateneingabe und Auswertung z. B. Kodierungsfehler, falsches Auswertungsverfahren
Wie gewährleiste ich, dass meine Ergebnisse aussagekräftig sind?	Fehler bei der Güte der Statistiken z. B. geringe Itemschwierigkeit, geringe Validität

Neben den genannten Checkfragen und Fehlerquellen gilt, wie bei allen anderen wissenschaftlichen Methoden auch, dass der Forscher stets die ethischen Richtlinien für die Forschung mit Menschen berücksichtigen muss. Befragte sind Menschen und keine reinen Informationsträger. Befragte haben ein Recht, über den Zweck der Befragung informiert zu werden, sodass sie eigenverantwortlich entscheiden können, ob sie an der Befragung teilnehmen möchten oder nicht. Der Datenschutz steht dabei an erster Stelle. Sollte es sich bei der Zielgruppe um Personen handeln, die keine informierte Zustimmung geben können (z. B. Kinder und Jugendliche), sollten andere stellvertretende Personen zustimmen, z. B. die Eltern. Sofern finanzielle oder andere Anreize bei der Rekrutierung von Personen eingesetzt werden, sollten Selektionseffekte bedacht und genau abgewägt werden. Vermutlich handelt es sich in diesen Fällen nicht mehr um eine repräsentative Befragtengruppe. Gegebenenfalls ist auch die Teilnahme dann nicht mehr per se freiwillig. Das Prinzip der Freiwilligkeit zeigt sich auch daran, dass die Teilnahme an der Befragung zu jeder Zeit abgebrochen werden kann. Die Befragung macht unterschiedliche Inhalte zum Gegenstand, die mitunter eine gewisse Belastung bei den Befragten hervorrufen können, z. B. heikle Inhalte. Die Inhalte sollten genau bzgl. des Nutzens der Befragung abgewägt werden. Sofern es sich nur um eine kurze Befragung handelt, wären kurze Belastungen im Vergleich zu einem hohen wissenschaftlichen Nutzen in Ordnung. Sollte sich jedoch ein andauernder Schaden (z. B. im Sinne einer traumatischen Erinnerung) abzeichnen, darf eine solche Befragung nicht durchgeführt werden.

Solange Sie die entsprechenden Vor- und Nachteile Ihrer Fragebogen- bzw. Leitfadenkonstruktion umfangreich bedenken, zeigen Sie eine Kenntnisnahme und eine Reflexionsfähigkeit, die in der heutigen Forschung nicht mehr wegzudenken ist. Durch die Kenntnis und Reflexion der möglichen Fehlerquellen können Sie Ihr Forschungsvorgehen kontrollieren und transparenter kommunizieren, sodass Sie weniger für Kritik angreifbar sind. Diskutieren Sie daher mögliche Einschränkungen Ihrer Studie.

> *„Ein offensiver Umgang mit den Limitationen der eigenen Studie entspricht den Regeln guter wissenschaftlicher Praxis, während unkritische Verallgemeinerungen und Überinterpretationen der eigenen Befunde als allgemeingültige Erklärungen oder unumstößliche Gewissheit die wissenschaftliche Seriosität bezweifeln lassen." (Döring/Bortz, 2016, S. 92)*

MERKSATZ

Die Reflexion des eigenen methodischen Vorgehens stellt die Basis allen wissenschaftlichen Arbeitens dar, ungeachtet der qualitativen oder der quantitativen Ausrichtung der Forschung.

Anhang

Lösungen der Aufgaben zur Selbstüberprüfung

Aufgabe 1.1

Bei den Vergleichen könnten folgende Vor- und Nachteile exemplarisch genannt werden:

- Persönliche Paper- und Pencil-Befragung vs. postalische Befragung: Die persönliche Paper und Pencil-Befragung kontrolliert stärker die Befragungssituation als die postalische Befragung. Die postalische Befragung kann aber gleichzeitig auch zu glaubwürdigeren Antworten führen, weil die reaktiven Effekte entfallen. Die finanziellen Kosten sind bei der persönlichen Befragung größer, jedoch gleichen sich diese wieder aus, da postalische Befragungen einen hohen Zeitaufwand durch das Anschreiben in Anspruch nehmen. Die Rücklaufquoten sind bei postalischen Befragungen geringer.
- Persönliche Paper- und Pencil-Befragung vs. Online-Befragung: Die persönliche Paper- und Pencil-Befragung kontrolliert die Befragungssituation sehr viel besser als es bei einer Online-Befragung der Fall ist. Sie kann zudem die Repräsentativität vorab durch den Forscher gewährleisten. Persönliche Befragungen sind aber langwieriger, und Online-Befragungen können eine breite Masse an Personen ansprechen. Die Kosten einer Online-Befragung sind äußerst gering und die Datenübertragung ist oftmals einfacher als bei persönlichen Paper- und Pencil-Befragungen.
- Postalische Befragung vs. Online-Befragung: Die Online-Befragung ist der Postalischen Befragung im zeitlichen Aufwand überlegen und auch die Kosten sind sehr gering. Bei postalischen Befragungen müssen mind. der Druck und das Porto bezahlt werden. Beide Befragungsformen sind kaum durch den Forscher kontrollierbar.

- Face-to-Face-Interview vs. Telefon-Befragung: Das persönliche Interview kann die Authentizität von Antworten durch den direkten Kontakt besser prüfen als es bei einer Telefon-Befragung möglich wäre. Die Kosten sind jedoch weitaus höher. Telefon-Befragungen haben oftmals mit der Gewährleistung der Repräsentativität zu kämpfen und setzen auf eine schnelle Befragung. Face-to-Face-Interviews dauern meist länger an.
- Persönliche Paper- und Pencil-Befragung vs. Face-to-Face-Interview: Die Paper- und Pencil-Befragung ermöglicht die zeitgleiche Befragung mehrerer Personen. Das Face-to-Face-Interview kann dagegen bei komplexen Forschungsthemen, die auf einen direkten Kontakt bauen, durch individuelle Antworten in einem freieren Sprachstil zu neuen Erkenntnissen gelangen. Wenn eine standardisierte Variante mittels einer festen Fragen-Reihenfolge und festen Antworten eingesetzt wird, kann der Forscher auf Verständnisfragen kontrollierter einwirken. Die Paper- und Pencil-Befragung ist kostengünstiger. Bei beiden Befragungsformen können reaktive Effekte auftreten, jedoch sind diese stärker bei der mündlichen Befragung zu vermuten.
- Persönliche Paper- und Pencil-Befragung vs. Telefon-Befragung: Bei der persönlichen Paper- und Pencil-Befragung kann der Forscher die Befragungssituation besser kontrollieren, da er direkt vor Ort ist. Bei einer Telefon-Befragung muss sich der Forscher allein auf auditive Faktoren stützen. Die Erreichbarkeit von Befragten ist am Telefon zwar schlechter, weil sich mehr Personen verweigern; jedoch kehrt die Telefon-Befragung diesen Nachteil wieder zum Vorteil um: Es können mehr Personen unabhängig von Ort und Zeit angeworben werden. Die Telefon-Befragung ist oftmals kürzer und kostengünstiger als die Paper- und Pencil-Befragung.
- Postalische Befragung vs. Face-to-Face-Interview: Die postalische Befragung ist ebenso wie das Face-to-Face-Interview kostenintensiv, wobei die postalische Befragung vermutlich aufgrund des geringeren Personalaufwandes etwas besser abschneidet. Die Repräsentativität kann bei einem Face-to-Face-Interview vorab durch den Forscher kontrolliert werden, wohingegen bei einer postalischen Befragung verzerrte Aussagen entstehen können.
- Postalische Befragung vs. Telefon-Befragung: Die Telefon-Befragung ist der postalischen Befragung überlegen, weil sie es schafft, viele Personen schneller zu erreichen. Der Kostenaufwand ist geringer. Dagegen kann die postalische Befragung den

fehlenden Kontakt zum Forscher nutzen, um die Anonymität des Befragten nochmals zu betonen und so zu glaubwürdigeren Aussagen zu gelangen.

- Online-Befragung vs. Face-to-Face-Interview: Die Online-Befragung ist kostengünstiger, schneller und anonymer als das Face-to-Face-Interview. Dagegen ist das Face-to-Face-Interview repräsentativer und kontrolliert stärker die Befragungssituation.
- Online-Befragung vs. Telefonbefragung: Beide Befragungsformen haben Probleme mit der Auswahl von repräsentativen Teilnehmern. Die Online-Befragung ist in diesem Vergleich der Telefon-Befragung marginal unterlegen. Beide Befragungsformen können viele Personen erreichen, die Online-Befragung potenziell jedoch noch mehr. Beide Befragungsformen sind kostengünstig und unterstützen sich teilweise bereits gegenseitig, d. h. Telefon-Befragungen werden oft computerunterstützt durchgeführt. Die Telefon-Befragung kann die Befragungssituation besser kontrollieren als die Online-Befragung.

Aufgabe 1.2

Eine schriftliche Befragung ist nicht anzuraten. Um eine schriftliche Befragung durchführen zu können, müssten Sie vorab testen, welches Lese- und Rechtschreibverständnis Sie bei den Befragten voraussetzen können. Die Abfrage von beruflichen Belastungen scheint durch eine schriftliche Befragung daher nahezu ausgeschlossen. Sie sollten sich daher für eine mündliche Befragung entscheiden. Für welche Sie sich entscheiden, liegt in Ihrem Ermessen. Sie müssen nur gute Gründe dafür finden. Im Face-to-Face-Interview könnten Sie die unmittelbare Interaktion nutzen, um abzusichern, wie der Befragte die Fragen verstanden hat. Aber auch eine Telefon-Befragung wäre durchaus denkbar, wenn Ihre finanziellen Ressourcen und auch die zeitlichen Ressourcen des Befragten sehr knapp sind. Da Sie bereits viele präzise Fragen besitzen, könnten diese am Telefon schnell abgearbeitet werden. Wenn Sie bereits vorab mit den Befragten Kontakt aufgenommen und eine Telefon-Befragung vereinbart haben, könnten Sie die Personen direkt anrufen und müssten wahrscheinlich auch keine Bedenken bezüglich der Repräsentativität haben (da Sie sich nicht durch alle mögliche Telefonnummern kämpfen müssten).

Aufgabe 1.3

Mögliche Argumente:

- Kinder: hängt von dem bereits erreichten Leseverständnis und der Rechtschreibfähigkeit ab. Mündliche Befragungsformen sind vorzuziehen, insbesondere das Face-to-Face-Interview. Gegebenenfalls sind Beobachtungsstudien sehr viel geeigneter.
- Jugendliche: In der Regel kommen alle Formen der Befragung – mündlich wie schriftlich – in Betracht. Viele Befragungen sind aber auf das Mindestalter 18 Jahre reglementiert.
- Erwachsene: In der Regel kommen aber alle Formen der Befragung – mündlich wie schriftlich – in Betracht.
- ältere Personen: mündliche Befragungen können gegenüber schriftlichen Befragungen überlegen sein. Telefon-Befragungen sind gegenüber Online-Befragungen vorzuziehen.

Aufgabe 2.1

Bei dieser Aufgabe muss zunächst eine geeignete Operationalisierung des Gesundheitsbewusstseins erfolgen. Beispielsweise könnte man von einer Wertschätzung und einer besonderen Beachtung der gesunden Ernährung, des körperlichen Wohlbefindens, der Fitness und der Vermeidung von Stress ausgehen. Danach finden die Kriterien für die „gute" Frage- und Antwortformulierung Anwendung. Mögliche schriftliche Fragen und Antworten könnten sein:

1. „Ich esse mehrmals in der Woche Obst bzw. Gemüse." („ja" oder „nein")
2. „Mich kann so schnell nichts stressen." („stimme voll und ganz zu", „stimme eher zu", „stimme eher nicht zu", „stimme überhaupt nicht zu")
3. „Üben Sie einen Sport aus?" („ja" oder „nein")
4. „Wenn ja, welchen?" (--------------)
5. „Wie häufig?" („täglich", „mehrmals in der Woche", „mehrmals im Monat", „mehrere Mal im Jahr", „keine der Antworten")

Aufgabe 2.2

Die erste Aussage ist eine suggestive Aussage. Eine Abweichung von den 80 % kann von den Befragten als schwierig empfunden werden.

Die zweite Aussage ist nicht eindeutig, da sowohl das Wochenende als auch unter der Woche abgefragt werden. Beides kann unterschiedliche Sachverhalte darstellen. Wenn man jedoch allgemein daran interessiert ist, ob jemand arbeitet oder nicht, dann sollte man die Frage auch so stellen.

Die dritte Aussage ist hypothetisch und sagt nichts über das zukünftige Verhalten der befragten Person aus.

Aufgabe 2.3

Eine Ratingskala ist eine Ordinalskala, d. h. mehr als zwei Antwortmöglichkeiten sind vorgegeben. Es gibt unipolare oder bipolare Ratingskalen, die mit unterschiedlichen Markierungen versehen werden können (numerisch, verbal, symbolisch, grafisch). Die Vorgaben können mit oder ohne mittlere Kategorie erfolgen (d. h. eine gerade oder eine ungerade Zahl von Vorgaben).

Aufgabe 2.4

Die Zufriedenheit mit dem Studium müsste im ersten Schritt operationalisiert werden. Folgende Kategorien stehen zur Auswahl:

- „eindeutig zutreffend" (1)
- „zutreffend" (2)
- „weder zutreffend noch unzutreffend" (3)
- „nicht zutreffend" (4)
- „eindeutig nicht zutreffend" (5)

Folgende Aussagen sind zu beantworten:

1. „Ich studiere gerne an meiner Hochschule."
2. „Ich habe mich für das richtige Studium entschieden."
3. „Ich überlege, ob ich den Studiengang wechsle."
4. „Ich bin mit den Inhalten meines Studiums sehr zufrieden."
5. „Ich wünsche mir inhaltliche Veränderungen in meinem Studium."

6. „Ich kann mein Studium nur weiterempfehlen."
7. „Ich habe bisher noch nicht von den Inhalten meines Studiums profitiert."
8. „Ich erkenne einen großen Nutzen meines Studiums für meine berufliche Laufbahn."
9. „Die Studieninhalte machen mir großen Spaß."
10. „Mein Studium ist bisher sehr langweilig."

Einschränkung bei dieser Übung: Um tatsächlich von einer Likert-Skala sprechen zu dürfen, müssten die Aussagen an einer repräsentativen Stichprobe getestet werden und verschiedenen Kriterien entsprechen, die statistisch geprüft wurden.

Aufgabe 3.1

Der Halo-Effekt beschreibt einen systematischen Effekt den die Beantwortung einer Frage auf die nachfolgende Beantwortung der nächsten Frage hat. Die Antwort der nachfolgenden Frage ist dann nicht mehr unabhängig von der Beantwortung der ersten Frage (ggf. auch Fragen). Wenn in einem Fragebogen mit der Zielgruppe Wissenschaftler an Universitäten beispielsweise die Frage: „Die CDU steht für den Erhalt der Befristung von Arbeitsverträgen an Universitäten. Was halten Sie davon?" mit der nachfolgenden Frage: „Welche Partei würde Sie bei der nächsten Wahl wählen?" kombiniert wird, ist von einem Halo-Effekt auszugehen. Die Mehrheit der Wissenschaftler wird sich gegen eine Befristung aussprechen. Vielleicht war einem Großteil noch gar nicht klar, dass die CDU u. a. für ihre derzeitige Befristung verantwortlich ist. Die Partei zu wählen, würden vermutlich viele Wissenschaftler dann verneinen. Um den Halo-Effekt zu umgehen, könnte man die Reihenfolge der Fragen vertauschen. Zunächst sollte allgemein nach der präferierten Partei gefragt werden, im Anschluss daran können spezifischere Aussagen zu den inhaltlichen Schwerpunkten und Meinungsbildern aller Parteien von den Wissenschaftlern getätigt werden.

Aufgabe 3.2

In dem Einleitungstext eines Fragebogens bzw. in einem Anschreiben sollten immer folgende Kernfragen beantwortet werden:

1. *Wer* will *was* von mir? (Darstellung des Forschers und seiner Institution und kurze Beschreibung der wissenschaftlichen Fragestellung und ihre Bedeutung)
2. Warum *ich*? (Darstellung, warum die Befragten so wichtig sind und wie man ggf. an personalisierte Daten herangekommen ist)
3. Was macht man mit *meinen Daten*? (Zusicherung der Anonymität und kurze Beschreibung, wie die Daten weiterverwendet werden)

Abschließend empfiehlt sich eine kurze Darstellung, wie der Fragebogen auszufüllen ist, wie lange die Beantwortung in etwa dauert und der Dank für das aufrichtige Bearbeiten des Fragebogens. Für das Anschreiben gelten noch weitere Besonderheiten (z. B. der Hinweis auf eine Kontaktmöglichkeit oder auch detaillierte Hinweise zum Ausfüllen).

Aufgabe 3.3

Bei Online-Befragungen stellt das Medium selbst ein wichtiges Kriterium dar. Nicht jede Schriftart und Schriftgröße ist optimal zu lesen. Die Fragebogenseiten sollten daher so übersichtlich wie möglich gestaltet sein. Idealerweise eine Seite pro Frage. Die Befragten sollten einen Bearbeitungsstand angezeigt bekommen, damit sie dann wissen, wie lange die Befragung noch andauern wird. Sollten sie einmal die Befragung unterbrechen, sollten sie zu einem späteren Zeitpunkt die Befragung genau an dieser Stelle wieder fortführen können. Werden diese Aspekte nicht berücksichtigt, erhöht sich automatisch der Anteil der Nichtantworten oder ggf. der Antwortverweigerer.

Aufgabe 3.4

Für die Berechnung der Trennschärfen benötigt man die Gesamttestwerte als Summe aller Werte einer Person. Am Beispiel der unkorrigierten Trennschärfe ergeben sich die Werte 4, 10, 6, 6 und 5 (Mittelwert = 6,2; Standardabweichung = 2,280)

Die Trennschärfen lauten:

Aussage 1: r = 0.812 (Mittelwert = 1,8; Standardabweichung = 0,836; Kovarianz = 1,550)

Aussage 2: r = 0.932 (Mittelwert = 2,4; Standardabweichung = 0,894; Kovarianz = 1,90)

Aussage 3: r = 0.767 (Mittelwert = 2,0; Standardabweichung = 1,0; Kovarianz = 1,75)

Diese Korrelationen sind alle akzeptabel bis hervorragend und die Aussagen können in dem Fragebogen beibehalten werden. Berechnet man jedoch die korrigierte Trennschärfe (unter Ausschluss der in die Berechnung eingeschlossenen Aussage) ergeben sich andere Korrelationen:

Aussage 1: r = 0.607

Aussage 2: r = 0.829

Aussage 3: r = 0.456

Der Einfluss der jeweiligen Aussage erhöht enorm die Korrelation. Die realen Werte sind sehr viel geringer, wenn auch alle noch akzeptabel für den Fragebogen.

Aufgabe 4.1

Folgende Verhaltensgrundsätze sind im Rahmen einer mündlichen Befragung wichtig (mit Begründung):

1. Der Interviewer muss sich exakt an die Formulierung und Reihenfolge der Fragen halten. Andernfalls riskiert der Interviewer Fehlereinflüsse. Durch eine nicht korrekte Wiedergabe der Formulierung kann es zu einem falschen Verständnis der Frage kommen, was sich auch auf die Antwort des Befragten auswirkt. Durch die Abweichung von der Reihenfolge der Fragen riskiert der Interviewer möglicherweise einen Halo-Effekt.

2. Der Interviewer sollte immer nur eine Frage nach der anderen Frage stellen. Andernfalls kann der Befragte sich nicht auf eine Frage konzentrieren, und verschiedene Inhalte könnten sich im Antwortprozess vermischen und später bei der Auswertung nicht mehr voneinander getrennt werden.
3. Warum-Fragen sind möglichst reduziert einzusetzen.
4. Der Interviewer darf keine weiteren Informationen (außerhalb des Leitfadens) geben. Andernfalls kann dieses den Befragten bzgl. der Fragestellung beeinflussen und die Vergleichbarkeit zu anderen Interviews wäre erschwert.
5. Wenn der Befragte ausdrücklich weitere Informationen zur Klärung einer Frage wünscht, sollte der Interviewer neutral und im Sinne der Fragenklärung antworten. Andernfalls riskiert er suggestive Formulierungen, die eine von ihm gewünschte Antwort hervorbringen könnte.
6. Der Interviewer muss gewährleisten, dass er die Antworten des Befragten richtig verstanden hat. Andernfalls interpretiert er Sachverhalte, die der Befragte nicht gemeint hat.
7. Antwortet der Befragte unpassend zur Frage, muss der Interviewer neutral nachfragen und die Frage wiederholen.
8. Der Interviewer muss ggf. Fragen und Antworten wiederholen, wenn es der Befragte wünscht. Andernfalls kann es zu Missverständnissen und falschen Interpretationen der Antworten kommen.
9. Der Interviewer darf bei Nachfragen des Befragten keinen suggestiven Einfluss ausüben.

Fünf der genannten neun Verhaltensrichtlinien hätten bei dieser Aufgabe genannt werden müssen. Die Begründungen können durchaus noch umfangreicher bei Ihnen ausfallen, je nachdem welche weiteren Argumente Ihnen eingefallen sind.

Aufgabe 4.2

Wenn eine Zielperson am Telefon zögert, an der Befragung teilzunehmen, könnten z. B. folgende Strategien eingesetzt werden:

1. Die Befragung postalisch ankündigen.
2. Nochmals die Bedeutung der Befragung betonen.
3. Anbieten, erstmal mit der Befragung zu beginnen und abbrechen zu dürfen.
4. Ein Informationsschreiben zukommen lassen, sofern noch nicht im Vorwege erfolgt.

Sollten diese Techniken keine Wirkung erzielen, dann den Befragten aus dieser Anwerbephase entlassen und eine neue Zielperson anwählen. Denn Überredungszeit, die nicht zu einer Teilnahme führt, ist auch wertvolle Forschungszeit!

Aufgabe 4.3

Der Interviewleitfaden ist in seiner Handhabung äußerst standardisiert. Der Interviewer liest die Fragen vor und gibt die Antworten ein. Anbei werden nur ein paar kritische Argumente angeführt: Die Frage 9.4 kann evtl. zu Überforderungen des Befragten führen, da der genaue Monat des Angstanfalles angegeben und die Anzahl vier (Wochen) dabei berücksichtigt werden muss. Bei den Antwortvorgaben der Frage 9.5 ist nicht jede Zahl verbal markiert, sodass unklar ist, wofür beispielsweise 1 oder 3 steht. Hier könnte es zu Irritationen in der Kommunikation zwischen Interviewer und Befragtem kommen. Die Frage 10 ist ebenfalls nicht eindeutig in den Antwortvorgaben bei den Kategorien „von" und „bis" beschrieben. Sind es Monate, Uhrzeiten o. Ä.? Die Fragen 11.1 und 11.2 sind offene Fragen. An dieser Stelle kann der Interviewer an „Platzgrenzen" für die beschriebenen Gedanken gelangen, da er nicht alles schriftlich erfassen kann. Er müsste selbstständig zusammenfassen. Diese Zusammenfassung kann unter Umständen subjektiv ausgelegt sein. Insgesamt könnte das Design des Leitfadens übersichtlicher gestaltet sein.

Aufgabe 4.4

In mündlichen Befragungen spielt weniger das Layout eine Rolle, sondern das Verhalten und die Kommunikation des Interviewers. Der Interviewer leitet die gesamte mündliche Befragung und muss daher sein Verhalten und auch das Verhalten des Befragten stets kontrollieren und auf die Fragestellung hin ausrichten. Deshalb wird während der Pretestung der Interviewer in den Prozess explizit miteinbezogen. Er kann während bzw. nach dem Probelauf seine Einschätzungen abgeben, mit anderen Interviewern teilen oder sich ein Feedback von anderen Personen einholen, die ihn neutral beobachtet haben. Ein weiterer Unterschied kann sich durch die Auswertungsmethoden der Pretestung ergeben: Werden bei schriftlichen Fragebögen oftmals statistische Datenanalysen zur Ermittlung der Güte von Fragen und Antworten eingesetzt, können mündliche Befragungen sowohl statistisch als auch qualitativ ausgewertet werden. Es hängt allein von der Konstruktion der Antwortvorgaben und der Zielsetzung des Forschers ab.

Abkürzungsverzeichnis

CATI	Computer Assisted Telephone Interviewing
DIPS	Diagnostisches Interview bei psychischen Störungen
HSV	Hamburger Sport-Verein e. V.
html	Hypertext markup language
IBM	International Business Machines Corporation
K	Anzahl der Items
N	Anzahl der Personen
r	Korrelationskoeffizient (meistens nach Pearson)
SAS	Statistical Analysis System
SPSS	Statistical Package for the Social Scienes; bei mündlichen Befragungen auch Sammeln, Prüfen, Sortieren, Subsummieren
x	Merkmalsausprägungen des Merkmals X
y	Merkmalsausprägungen des Merkmals Y

Glossar

Aufrechterhaltungsfragen	Fragen, die Erzählungen von Befragten vertiefen oder weiterführen
bipolare Skala	Skala, die Antworten in beide Richtungen ermöglicht (positiv wie negativ)
Computerliteralität	Fähigkeit, mit dem Computer umzugehen
Cronbachs Alpha	Maß zur Berechnung der Reliabilität; alle Korrelationen der Items werden berechnet und um die Itemzahl korrigiert
dichotome Antwort	eine Antwort mit zwei nominalskalierten Ausprägungen
diskriminante Validität	Korrelation zwischen Skalen, die keine ähnlichen Inhalte erfassen (sollte niedrig sein)
Einleitungsfragen	Fragen, die den Befragten in die Befragung einleiten, d. h. sie wecken das Interesse und sind einfach zu beantworten (vgl. Eisbrecherfragen)
Eisbrecherfragen	Fragen, die den Befragten in die Befragung einleiten, d. h. sie wecken das Interesse und sind einfach zu beantworten (vgl. Einleitungsfragen)
erzählungsgenerierende Fragen	Fragen, die Befragte zu längeren Erzählungen anregen
Face-to-Face- Interview	persönliche Befragung von Angesicht zu Angesicht; Begriff ist reserviert für mündliche Interviews
Filterfragen	Fragen, die Personengruppen herausfiltern, die dann weitere Fragen zu einem bestimmten Thema beantworten sollen
Fremdbericht	Personen geben Auskunft über andere Personen
geschlossene Fragen	Fragen, die dem Befragten Antworten zur Auswahl vorgeben
Gruppendiskussion	mündliches Interview von vielen Befragten, die zu einem Thema diskutieren
Guttman-Skala	Testskala nach Guttman; prüft die Kongruenz des Antwortverhaltens anhand der Zielgruppe (schwierige Fragen sollten nur von fähigen Personen beantwortet werden)
Halo-Effekt	Reihenfolgeeffekt in einem Fragebogen; die Beantwortung einer Frage wirkt sich auf die Beantwortung der folgenden Frage negativ aus
Homogenität	Itemgütekriterium; berechnet die durchschnittliche Korrelation zwischen allen Items

Intercept-Befragung	eine Online-Befragung, die während der Nutzung einer Internetseite oder nach Verlassen der Internetseite Teilnehmer rekrutiert
Intervallskala	Neben der Reihenfolge sind auch die Differenzen zwischen den Werten bedeutsam.
Itemschwierigkeit	Schwierigkeit, eine Frage zu beantworten; prozentualer Anteil der Personen, die eine Aufgabe lösen oder eine Frage bejahen
Kodierungsbuch	Verschriftlichung der Bedeutung der Antwortvorgaben in Zahlen
konkurrente Validität	Korrelation zwischen Skalen, die ähnliche Inhalte erfassen (sollte hoch sein)
korrigierte Trennschärfe	Korrelation des Gesamttestwertes mit einem Item, wobei das betreffende Item zuvor aus dem Gesamttestwert entfernt wurde
Längsschnittuntersuchung	Eine Untersuchung wird mehrmals durchgeführt (entweder mit immer denselben Personen oder mit anderen Personen oder beiden).
lautes Denken	Befragte verbalisieren ihre Kommentare während der Bearbeitung; meistens sitzt der Forscher neben den Befragten
Leitfaden	Fragebogen in mündlichen Befragungen
Marken	**grafische:** Antworten werden grafisch vorgegeben
	numerische: Antworten werden in Zahlen vorgegeben
	symbolische: Antworten werden symbolisch vorgegeben
	verbale: Antworten werden sprachlich vorgegeben
Multiple-Choice-Antwort	Antwortvorgaben, aus denen mehr als eine Antwort gewählt werden darf
Nominalskala	niedrigstes Skalenniveau, basiert auf Antworten mit sich ausschließenden Kategorien, die nicht in eine Reihenfolge gebracht werden können
offene Fragen	Fragen, die dem Befragten keine Antworten vorgeben
Online-Access-Panels	Online-Anbieter, die Personendaten sammeln von Personen, die gerne an Online-Befragungen teilnehmen
Operationalisierung	Messbarmachung bzw. Definition von Inhalten, die zunächst nicht messbar waren
Ordinalskala	Antworten können in eine Reihenfolge (Rangskala) gebracht werden
Panelbefragung	Variante der Längsschnittuntersuchung: dieselben Personen werden zu unterschiedlichen Zeitpunkten immer mit demselben Fragebogen befragt

Paper- und Pencil-Befragung	schriftliche Befragung, die Befragte mit einem Stift ausfüllen
Paralleltestreliabilität	Die Zielgruppe füllt zwei Fragebögen aus: Eine Parallelversion (anderer vergleichbarer Fragebogen) wird mit dem ursprünglichem Fragebogen korreliert (bzw. die resultierenden Testwerte).
Paraphrasierung	Wiederholung der Antworten des Befragten durch den Forscher; Zusammenfassung in seinen eigenen Worten
Pretestung	Prüfung des Fragebogens bzw. Leitfadens an der Zielgruppe mit dem Ziel diesen bzgl. möglicher Fehler zu verbessern
Querschnittuntersuchung	Untersuchung wird nur zu einem Zeitpunkt einmalig durchgeführt
Ratingskala	Ordinalskala, die eine Einstellung, Einschätzung o.Ä. in Fragebögen oder Tests abfragt
Rasch-Skala	Testskala nach Rasch; basiert auf wahrscheinlichkeitstheoretischen Annahmen eine Frage lösen bzw. beantworten zu können; gehört zur Familie der probabilistischen Testtheorie bzw. Item-Response-Theorie
Retestreliabilität	mehrere Messungen werden an denselben Personen zu unterschiedlichen Zeitpunkten durchgeführt und die Ergebnisse (Testwerte) korreliert
Rücklaufquote	Anzahl der zurückgeschickten Fragebögen geteilt durch alle versandten Fragebögen (in Prozent)
Schlussfragen	Fragen, die einen Fragebogen bzw. Leitfaden abschließen; demografische oder schwierige Fragen
schwierige Fragen	steht für heikle bzw. unangenehme Fragen in einem Fragebogen, ggf. kann der Begriff schwierig auch als schwierig im Sinne einer Testaufgabe verstanden werden (vgl. Itemschwierigkeit)
Selbstbericht	Personen geben Auskunft über sich
Single-Choice-Antwort	Antwortvorgaben, aus denen eine Antwort gewählt wird
soziale Erwünschtheit	Befragte antworten so, wie sie meinen, dass es von ihnen gewünscht wird
Standardisierung	Ausmaß der Regelhaftigkeit sowie der Festlegung der Fragen und Antwortformate; wird in nicht standardisiert, halbstandardisiert und standardisiert unterschieden
Steuerungsfragen	Fragen, die sich auf den Leitfaden und damit auf konkrete Fragestellungen beziehen
Test	Fragebogen in einer standardisierten Testsituation
Testskala	Fragebogen, der die Testgütekriterien erfüllt und ggf. als Test Einsatz finden soll; in der Regel erfasst eine Testskala eine Dimension bzw. untersuchte Eigenschaft

Tracking-Studie	Variante der Längsschnittuntersuchung: unterschiedliche Personen werden zu unterschiedlichen Zeitpunkten immer mit dem gleichen Fragebogen befragt (vgl. Trend-Studie)
Trend-Studie	Variante der Längsschnittuntersuchung: unterschiedliche Personen werden zu unterschiedlichen Zeitpunkten immer mit dem gleichen Fragebogen befragt (vgl. Tracking-Studie)
Trennschärfe	Korrelation eines Item (-wertes) mit dem Gesamttestwert
Überleitungsfragen	Fragen, die in neue Themen einleiten und einfach gestellt sind
unipolare Skala	von einem Nullpunkt nur in eine Richtung zu beantwortende Frage
Validität	Gütekriterium; prüft, ob der Fragebogen oder Test das misst, was er beansprucht zu messen

Literaturverzeichnis

Bänziger, A. (2009). *Telefonbefragung als intersubjektiver Aushandlungsprozess.* Die komplexe Kommunikationsstruktur standardisierter Interviews – theoretische Neukonzeption und praktische Anwendung in der Markt- und Meinungsforschung. Baden-Baden: Nomos Edition Reinhard Fischer.

Borg, I./Staufenbiel, T. (2007). *Lehrbuch Theorien und Methoden der Skalierung.* 4. vollständig überarbeitete und erweiterte Auflage, Bern: Hans Huber.

Bortz, J./Döring, N. (2006). *Forschungsmethoden und Evaluation für Human- und Sozialwissenschaftler.* 3. überarbeitete Auflage, Berlin: Springer.

Dieterich, A.C. (2000). *Modelle hausärztlicher Versorgung im Meinungsbild der Bevölkerung.* Eine wissenschaftliche Telefonbefragung. Dissertation. http://ediss.uni-goettingen.de/bitstream/handle/11858/00-1735-0000-0006-B341-B/dieterich.pdf?sequence=1 (01.07.2015).

Döring, N./Bortz, J. (2016). *Forschungsmethoden und Evaluation in den Sozial- und Humanwissenschaften.* 5. vollständig überarbeitete, aktualisierte und erweiterte Auflage, Berlin: Springer.

Eulenberger, J./Sackmann, R. (2013). *Online- oder Telefonbefragung bei Mixed-Mode-Designs? Ein Feldexperiment zur elterlichen Gymnasialwahl.* Forschungsberichte des Instituts für Soziologie. Martin-Luther-Universität Halle-Wittenberg http://www2.soziologie.uni-halle.de/publikationen/pdf/1301.pdf (01.07.2015), Halle-Wittenberg: Druckerei der Martin-Luther-Universität Halle-Wittenberg.

Hussy, W./Schreier, M./Echterhoff, G. (2013). *Forschungsmethoden in Psychologie und Sozialwissenschaften für Bachelor.* 2. überarbeitete Auflage, Berlin: Springer.

König, R. (1972). *Das Interview.* Formen, Technik, Auswertung. 7. ergänzte Auflage, Köln: Kiepenheuer & Witsch.

Kromrey, H. (2002). *Empirische Sozialforschung.* 10. vollständig überarbeitete Auflage, Opladen: Leske+Budrich.

Kühne, R. (2013). *Konzeptspezifikation und Messung.* In: Möhring, W./Schlütz, D. (Hrsg.): Handbuch standardisierter Erhebungsverfahren in der Kommunikationswissenschaft. Wiesbaden: Springer, S. 23-40.

Lamnek, S. (2010). *Qualitative Sozialforschung.* 5. überarbeitete Auflage, Weinheim: Beltz.

Lamnek, S. (1980). *Sozialwissenschaftliche Arbeitsmethoden.* Weinheim: Beltz.

Margraf, J./Schneider, S./Ehlers, A./DiNardo, P. et al. (1991). *DIPS. Diagnostisches Interview bei psychischen Störungen.* Interviewleitfaden. In: Margraf, J./Schneider, S./Ehlers, A. (Hrsg.): DIPS. Diagnostisches Interview bei psychischen Störungen. Handbuch, Interviewleitfaden, Protokollbogen. Berlin: Springer, S. 1–76.

Mayer, H. O. (2008). *Interview und schriftliche Befragung.* Entwicklung, Durchführung und Auswertung. 4. Auflage, München: Oldenbourg.

Möhring, W./Schlütz, D. (2013). *Standardisierte Befragung: Grundprinzipen, Einsatz und Anwendung.* In: Möhring, W./Schlütz, D. (Hrsg.): Handbuch standardisierter Erhebungsverfahren in der Kommunikationswissenschaft. Wiesbaden: Springer, S. 183–200.

Mummendey, H. D. (1995). *Die Fragebogen-Methode.* 2. korrigierte Auflage, Göttingen: Hogrefe.

Porst, R. (1998). *Im Vorfeld der Befragung: Planung, Fragebogenentwicklung und Pretesting.* ZUMA-Arbeitsbericht 98/02. http://www.zimt.uni-siegen.de/beratung_und_lehre/software/files/zuma_98_02.pdf (01.07.2015).

Prüfer, P./Rexroth, M. (1996). *Verfahren zur Evaluation von Survey-Frage: Ein Überblick.* ZUMA-Arbeitsbericht 96/05. http://www.soz.uni-heidelberg.de/assets/soz_download_270.pdf (01.07.2015).

Raab-Steiner, E./Benesch, M. (2008). *Der Fragebogen.* Von der Forschungsidee zur SPSS-Auswertung. Wien: faculates wuv UTB.

Reuband, K.-H. (2001). *Möglichkeiten und Probleme des Einsatzes Postalischer Befragungen.* Kölner Zeitschrift für Soziologie und Sozialpsychologie, 53 (2), S. 307–333.

Scheuch, E. (1967). *Das Interview in der Sozialforschung.* In: König, R. (Hrsg.): Grundlegende Methoden und Techniken der empirischen Sozialforschung. Erster Teil. Stuttgart: Enke, S. 66–190.

Scholl, A. (2009). *Die Befragung.* 2. überarbeitete Auflage, Konstanz: UVK.

Schröder, T. H. (2011). *Ärztliche Einstellungen und Werthaltungen vor aktuellen Herausforderungen der Profession-theoretische Erwägungen und eine Postalische Befragung von Ärzten in Schleswig-Holstein.* Dissertation. http://d-nb.info/1023375354/34 (01.07.2015). Lübeck: Medizinische Fakultat.

Sudman, S./Bradburn, N. M. (1983). *Asking Questions.* San Francisco: Jossey-Bass.

Taddicken, M. (2013). *Online-Befragung.* In: Möhring, W./Schlütz, D. (Hrsg.): Handbuch standardisierter Erhebungsverfahren in der Kommunikationswissenschaft. Wiesbaden: Springer, S. 201–218.

Empfohlene Literatur

Bänziger, A. (2009). *Telefonbefragung als intersubjektiver Aushandlungsprozess.* Die komplexe Kommunikationsstruktur standardisierter Interviews- theoretische Neukonzeption und praktische Anwendung in der Markt- und Meinungsforschung. Baden-Baden: Nomos Edition Reinhard Fischer.

Bortz, J./Döring, N. (2006). *Forschungsmethoden und Evaluation für Human- und Sozialwissenschaftler.* 3. Auflage, Berlin: Springer.

Döring, N./Bortz, J. (2016). *Forschungsmethoden und Evaluation in den Sozial- und Humanwissenschaften.* 5. vollständig überarbeitete, aktualisierte und erweiterte Auflage, Berlin: Springer.

Lamnek, S. (2010). *Qualitative Sozialforschung.* 5. überarbeitete Auflage, Weinheim: Beltz.

Mayer, H. O. (2008). *Interview und schriftliche Befragung.* Entwicklung, Durchführung und Auswertung. 4. Auflage, München: Oldenbourg.

Mummendey, H. D. (1995). *Die Fragebogen-Methode.* 2. korrigierte Auflage, Göttingen: Hogrefe.

Scholl, A. (2015). *Die Befragung.* 3. Auflage, Konstanz: UVK.

Taddicken, M. (2013). *Online-Befragung.* In: Möhring, W./Schlütz, D. (Hrsg.): Handbuch standardisierter Erhebungsverfahren in der Kommunikationswissenschaft. Wiesbaden: Springer, S. 201–218.

Internet-Links

Beispiel für einen Interviewleitfaden von Lamnek (2010): http://www.beltz.de/fileadmin/beltz/downloads/OnlinematerialienPVU/Qualitative_Sozialforschung/Beispielleitfaden.pdf (20.04.2016).

Webseite des kostenfreien Statistikprogramms PSPP: http://www.gnu.org/software/pspp/get.html (20.04.2016).

Abbildungsverzeichnis

Tabellenverzeichnis

Sachwortverzeichnis

Über die Autorin

Dr. Lisa Lüdders ist Mitglied der Abteilung für Methodik und Evaluation an der Universität Bremen. Als Universitätslektorin vertritt sie im dortigen Bachelor-Studiengang Psychologie die Lehrgebiete der Statistik und psychologischen Forschungsmethoden. 2012 promovierte sie über die Folgen und die Bewältigung sexueller Gewalterfahrungen von Mädchen und Jungen. Für ihre Forschungsarbeit als auch ihre Lehre im Modul Statistik wurde sie 2013 ausgezeichnet. Seit 2015 ist Frau Dr. Lüdders Modulverantwortliche und Autorin für quantitative und qualitative Forschungsmethoden an der APOLLON Hochschule der Gesundheitswirtschaft.